Walter Püschel
Spaziergänge in Weißensee

Mit freundlicher Empfehlung
überreicht durch

SÜBA Projekt Blumenwinkel GmbH
Boxhagener Straße 119
10245 Berlin

BERLINISCHE REMINISZENZEN 67

Walter Püschel

Spaziergänge in Weißensee

HAUDE & SPENER

Danksagung: Der Verfasser dankt dem Leiter des Stadtgeschichtlichen Museums Berlin-Weißensee, Herrn Rainer Kolitsch und seinem Mitarbeiter, Herrn Joachim Bennewitz für ihre großzügige Hilfe bei der Beschaffung von Quellenmaterial und Bildvorlagen. Dank gilt auch Professor Werner Klemke, Professor Gerhard Bläser und Dr. Günter Nitschke für ihre beratenden Gespräche.
Fotos: Archiv Stadtgeschichtliches Museum, Berlin-Weißensee, Archiv Umweltamt Berlin-Weißensee, Archiv Stephanus-Stiftung, Archiv des Autors, Peter Buhlan, Yvonne Götz, Ivan Schless, Ursula Püschel, Jens Dornbusch

2. überarb. und ergänzte Auflage

© 1998 Haude & Spenersche Verlagsbuchhandlung GmbH, Berlin
Satz: Volker Spiess, Berlin
Umschlag: Yvonne Götz, Berlin
Druck: Ebner Ulm
ISBN 3-7759-0432-8

Inhalt

Weißensee im Überblick	7
Erster Spaziergang Ein Bummel durch die Allee mit kleinen Ausflügen in die Geschichte	13
Zweiter Spaziergang Durchs Komponistenviertel über den Jüdischen Friedhof zum Faulen See	33
Dritter Spaziergang Vom Pistoriusplatz durchs Munizipalviertel rund um den Weißen See	54
Vierter Spaziergang Von der Spitze über die Rennbahn geradewegs nach Klein-Hollywood	77
Fünfter Spaziergang Heinersdorf – Blankenburg – Karow	103
Sechster Spaziergang Neu-Karow – Stadt in den Wiesen	116
Literatur	127

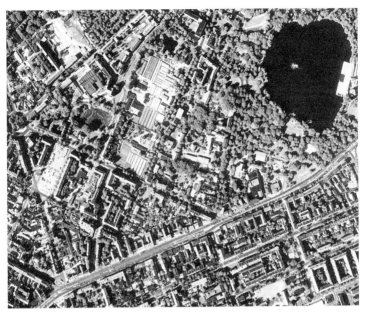

Weißensee aus der Luft. Rechts der Weiße See; links der Mirbachplatz,
unten die Berliner Allee
(Bildflug 1990 Interflug Berlin. Mit Erlaubnis der
Senatsverwaltung für Bau und Wohnungswesen Abteilung V)

Weißensee im Überblick

Von Berlin aus kommt man auch heute noch genauso nach Weißensee, wie es Theodor Fontane schon 1881 beschrieben hat: *Eine Wanderung nach Malchow, so kurz sie ist, gliedert sich nichtsdestoweniger in drei streng geschiedene Teile: Omnibusfahrt bis auf den Alexanderplatz, Pferdebahn bis Weißensee und per pedes apostolorum bis nach Malchow selbst.*

Nur die Pferdebahn ist inzwischen durch eine Straßenbahn ersetzt worden. Zu ihr gehören neben modernen Niederflur-Zügen auch schwere tschechische Tatra-Wagen, die sich durch kräftiges Anziehen auszeichnen, also festhalten. In der Mollstraße steigt man in die 2, 3 oder auch die 4, ist gleich darauf am Königstor, früher Bernauer Tor, womit schon die Richtung gegeben ist: nach Norden. Die Haltestelle Königstor wird erwähnt, weil rechter Hand, vor der Bartholomäuskirche, ein steinernes Monument an Leutnant Freiherr von Blomberg erinnert, der in russischen Diensten als erster deutscher Kriegsfreiwilliger am 20. Februar 1813 im Freiheitskampf gegen Napoleon fiel. So steht es auf dem steinernen Sockel. Das muß allerdings korrigiert werden; denn wer weiter nach Norden vorstößt, findet im Dorf Blumberg das Denkmal des Leutnants Otto von Arnim, der bereits am 18. Februar in eben diesen russischen Diensten fiel. Die Russen waren öfter in Berlin!

Links liegt der Georgenfriedhof, dort forscht man zur Zeit nach dem Grab von Horst Wessel, den wollen wir in Ruhe lassen, sonst stoßen wir womöglich noch auf Reinhard Heydrich. Zwei Stationen weiter sieht man, wiederum links, aber diesmal rechtens, einen großen Park mit dem Thälmanndenkmal. In seiner Nähe findet man das Künstlerhaus »Die Wabe« mit seinem »Theater unter dem Dach«. Die nächste Haltestelle heißt S-Bahnhof Greifswalder Straße. Hat man sie erreicht, ist man am alten Bahnhof Weißensee. So hieß er noch in den dreißiger Jahren. Wer nach Weißensee wollte und mit der Ringbahn kam, stieg da aus, fuhr mit der Straßenbahn weiter und war jenseits der Gürtelstraße in Weißensee. Früher roch man es; denn da stand die »Knochenmühle«, auch in den fünfziger Jahren wurde hier noch Suppenwürze hergestellt, allerdings nicht mehr unter so martialischen Bedingungen.

Nun könnte es sein, jemand möchte sich vor seinem ersten Spaziergang einen Überblick von erhöhter Warte aus verschaffen. Da gibt es im Prinzip drei Möglichkeiten. Er kann den Heinersdorfer Wasserturm ersteigen, den Wasserturm am Obersee oder den Berg im Prenzlauer Volkspark. Im Wasserturm in Heinersdorf war zu DDR-Zeiten eine Funkmeßstation der Roten Armee; er ist zwar jetzt geräumt, aber baufällig; betreten verboten. Am Obersee betrieb die Gesellschaft für Sport und Technik bis zur Wende eine Funkmeßstation. Sie hat den Wasserturm längst verlassen, er ist trotzdem gesperrt. Also bleibt der Berg am Prenzlauer Volkspark, den der Krieg dem Nachbarbezirk beschert hat; er besteht aus aufgeschütteten Häusertrümmern. Nach dem Zweiten Weltkrieg eine beliebte Methode, Grünanlagen und Berge anzulegen. Allerdings hat in keinem Jahrhundert das Volk seine Grünanlagen so teuer bezahlen müssen. Über die Michelangelostraße, den Altenschener Weg und durch die Kleingartenanlage Grönland erklimmt man den Gipfel in sanften Serpentinen, und wenn man dann auf einen steinernen Bären trifft, liegt einem Weißensee zu Füßen. Die Wanderkarte verrät: Weißensee gehörte bis 1920 zum Kreis Niederbarnim mit der Hauptstadt Bernau. Es liegt auf der Hochfläche des Barnim, fünfzig bis sechzig Meter über dem Meeresspiegel und fast dreißig Meter

Oranke- und Obersee im Jahre 1932

über dem Berliner Zentrum. Dreht man sich um, sieht man deutlich, wie es bergab geht mit der Stadt.

Da, wo sie einst ihren Anfang nahm, ragt jetzt der Fernsehturm mit seiner Kugel herauf wie der Reußenstecken eines Fischers. Bis es so weit war, daß Fischer dort ein Berlin-Cölln gründen konnten, mußten erst die Höhenzüge des Teltow und des Barnim am Ende der Eiszeit ihr Wasser abschütteln, mußten Werder entstehen, wellenumspült und von steinernen Findlingen zerschrammt. Als dann, endlich, Menschen das Land durchstreiften, es in Besitz nahmen und wieder verließen, folgten sie den alten Stromtälern. Handels- und Heerstraßen entstanden, über die einst die Slawen nach Norden zogen, von Sehnsucht nach dem Meer getrieben, das sie in Böhmen nicht hatten, und Semnonen, Langobarden und Burgunder nach dem Süden, weil es da Zitronen und Apfelsinen gab.

Nicht alle kamen ans Ziel, versteht sich; Lutitzen und Sorben verzichteten aufs Meer und begnügten sich mit Brandenburger Seen. So entstanden auch um Berlin herum Dutzende von slawischen Siedlungen. Wenn dann ein vom Wandern müde gewordener Semnonenhäuptling auf so eine florierende Siedlung traf, konnte es passieren, daß er sich sagte: Pfeif auf die Südfrüchte, besser in Weißensee Schleie und Hechte verkauft, als in Palermo mit Zitronen gehandelt! Jedenfalls hieß der Weiße See auch einmal Balow, und balow oder below heißt in allen Slawensprachen weiß. Daß die slawischen Fischer am Weißen See in grauer Vorzeit ihre Hütten auf Pfähle bauten, war eine Schutzmaßnahme. Geholfen hat es wohl nichts; die Pfahlbauten leben nur noch als Sage von einer Insel im Weißen See fort. Zu anderen Sagen und Naturerscheinungen später. Jetzt erkennt man den See nur im Zusammenhang mit der Silhouette, und da ist er ein Wipfelknäuel zwischen dem grünen Dach des Bethanienkirchturms und dem Backsteinturm des Rathauses, der sich gern bedeckt hält; vielleicht, weil es lange geheime Kommandozentrale jener Spezialabteilung der Verkehrspolizei war, die für die Sicherheit der Autokolonnen zwischen Wandlitz und Berlin zu sorgen hatte. Hinter dem Rathausturm, da, wo alles verschwimmt, liegen die Bitburger Teiche und der schöne Malchower See, der leider seit 1986 zu Hohenschönhausen gehört.

Hinter der Malchower Chaussee, wie die verlängerte Berliner Allee dort heißt, liegt die Kolonie Märchenland, eine Idylle, besonders für Kinder; außerdem muß jeder Bezirk, der auf sich hält, auch seine Kolonien haben.

Wenn wir unseren Feldstecher oder auch unser unbewaffnetes Auge zurückwandern lassen, fällt uns eine Pappelreihe auf; sie markiert die Weißenseer Rennbahn. Hier fanden in der Gründerzeit die ersten Trabrennen statt, hier ging in der Filmstadt Weißensee das alte Rom unter, und hier bot noch 1943 Ohm Krüger den Engländern Paroli. Wer's nicht glaubt, gehe die paar Schritte bis zur Liebermannstraße, der ehemaligen Franz-Joseph-Straße, da waren die Filmateliers der Decla und des Joe May. Richtung Westen, am Heinersdorfer Wasserturm mit seinen Einschußlöchern aus dem letzten Krieg, sehen wir eine imposante Wohnsiedlung, die letzte, die vor dem Krieg gebaut wurde, die Siedlung Am Steinberg. Dort ist auch die Kunsthochschule angesiedelt. Zwischen Langhansstraße – aus der Ferne durch die Straßenbahn erkennbar – und Lehderstraße werden vereinzelte Rauchzeichen gegeben. Dort liegen viele Kleinbetriebe, eingebettet in die baugeschichtlich interessanten Ruthenberghäuser. Aber wenn wir jetzt schon zu sehr ins Detail gehen, verlieren wir den Überblick, und den wollten wir doch gewinnen.

Ach ja, die Berliner Allee, alias Königschaussee, alias Klement-Gottwald-Allee, die Seelenachse vom Ganzen; also die Seele von Weißensee und die Achse, um die sich alles dreht ... Von hier oben ist sie gar nicht zu sehen! Eine Seelenachse ist ja auch bloß eine gedachte Linie, sagen die Militärs ...

Einspruch, was die Allee betrifft! Dazu ist man mit Kaleschen und Kanonen, mit Panzern, Sturmgeschützen und Panjewagen, mit Trabantgeschwadern und Volvo-Kolonnen viel zu lange darüber hinweggefahren. Sie ist eine lebendige Straße mit Geschichte im Hintergrund; drum soll die Allee auch ihr eigenes Kapitel kriegen.

Die Berliner Allee

Erster Spaziergang

Ein Bummel durch die Allee mit kleinen Ausflügen in die Geschichte

Der Verleger Friedrich Nicolai, der 1776 mit seiner Parodie »Die Freuden des jungen Werthers« den Geheimen Rat Goethe geärgert hatte, besann sich 1786 seiner eigentlichen Pflichten als Aufklärer und veröffentlichte ein dreibändiges Werk mit dem Titel »Beschreibung der Königlichen Residenzstädte Berlin und Potsdam, aller daselbst befindlicher Merkwürdigkeiten und der umliegenden Gegend«. Darin heißt es im neunten Kapitel: *Weißensee, ein Dorf, eine Meile von Berlin, dem Herrn Schenkendorf gehörig. Es ist daselbst ein sehr schöner Garten, dem die angenehme Lage an dem großen See, von dem das Dorf den Namen hat, noch mehr Reiz gibt... Es gehet von Berlin dahin eine Allee ...*

»Die Allee« heißt sie bei den Weißenseern heute noch, auch wenn ihre Namensschilder im Laufe der Jahre mehrmals wechselten und die Bäume spärlich geworden sind. Bevor wir jedoch mit dem Bummel durch die Allee beginnen, machen wir erst einen Bummel durch die Geschichte, denn wir stehen auf historischem Boden.

1242 wird zum erstenmal ein Conradus von Widense urkundlich erwähnt. Zu dieser Zeit ist die Allee Teil eines Handelsweges, der Böhmen, Sachsen und Thüringen mit der Ostsee verbindet, Hauptrichtung Stettin. Am 15. August
1373 verzichtet der bayerische Markgraf Otto der Faule auf Brandenburg. Der kurfüstliche Thron fällt an das Haus

Luxemburg. Kaiser Karl IV. belehnt am 2. Oktober seine Söhne Wenzel, Sigmund und Johann mit Brandenburg, regiert selbst mit fester Hand und errichtet in Tangermünde eine Kaiserpfalz.

1376 läßt Kaiser Karl IV. alle Dörfer seines Herrschaftsbereichs in das Prager Landbuch eintragen, auch Weißensee.

1456 regiert Kurfürst Johann seine Ländereien von der Sommerresidenz Weißensee aus.

1486 belehnt Kurfürst Johann Cicero den Berliner Gewandschneider Thomas Blankenfelde mit einem Bauernhof und macht ihn zum ersten Gutsherren von Weißensee.

1618 leuchtet von November bis Dezember ein großer Komet, den man auch in Weißensee für ein Zorneszeichen hält, das auf Jammer und Elend hindeutet. Krieg und Pestilenz kamen denn auch, dreißig lange Jahre. Im November

1627 gaben die Wallensteiner eine Probe ihrer Kriegskunst.

1628–29 hausten die übrigen kaiserlichen Regimenter in Weißensee.

1636–39 hausten die Schweden. Immerhin brachten sie auch was Gutes: Sie nahmen die Pest mit. Jedenfalls ist sie den Chronisten zufolge nicht mehr aufgetaucht. Aber der Hunger blieb. In einem Bericht an den Großen Kurfürsten heißt es: *Haben wir doch eine solche Teuerung im Lande, daß viele arme Leute vor Hunger verschmachten und von Spreu, Treber, Asche, Eicheln und Unkräutern sich Brot backen, so endlich Hunde, Katzen, Wolfsfleisch essen und wie uns Bericht eingekommen, sich untereinander selbst schlachten und verzehren müssen* (Giertz).

1648 bringen die Glocken von Münster und Osnabrück den Frieden auch nach Weißensee. Dort leben noch drei Familien.

1679 zählt Weißensee bereits wieder über 145 Seelen. Schon gibt es buchenswerten Besuch. Der Große Kurfürst hat am 28.6.1675 die Schweden bei Fehrbellin geschlagen, das hat sich in drei Jahren auch bis nach Rußland rumgesprochen. So taucht

1679 eine tatarische Gesandtschaft auf, ein bißchen mitgenommen von der weiten Reise. In Weißensee gönnt sie sich ein paar Tage Erholung und zieht dann weiter nach Berlin.
1760 – Schlacht bei Torgau! – kommen zum erstenmal Russen nach Weißensee, als Friedrichs Gegner im Siebenjährigen Krieg. Was machten sie beim Einmarsch ins feindliche Dorf? Sie hausten. Pfarrer Samuel Schultze jammert: *Alles, alles geraubet, zerschlagen, Kisten und Kasten aufgebrochen und gänzlich ruinieret!* Wider alle Voraussicht wird der Siebenjährige Krieg gewonnen, also macht sich die Welt daran, dem alten Fritzen zu gratulieren.
1763 erscheint zu diesem Zweck in Weißensee eine türkische Gesandtschaft. Sie hält sich zwei Tage im Ort auf, ihre Janitscharenmusikanten geben ein Konzert im Schloßgarten. Auf dem Wege nach Berlin macht die Truppe am Bernauer Tor nochmals Rast, schlägt ein Zelt auf und trinkt in Ruhe türkischen Kaffee. Irgendwie müssen die Diplomaten der preußischen Küche nicht getraut haben.
1776 kommt am 21. Juli der russische Großfürst Paul Petrowitsch nach Weißensee und läßt sich von der Karschin bedichten.
1768 errichtet der trinkfreudige Carl Gottlob von Nüßler anstelle einer verlotterten Schankstube den Dorfkrug, das spätere »Café Rettig«.
1804 wird die neue Provinzial-Chaussee Berlin–Weißensee–Bernau in Angriff genommen. Man kommt bis Weißensee.
1806 wird am 14. Oktober das preußische Heer bei Jena und Auerstädt vernichtend geschlagen, was eine Invasion zur Folge hat. Für Weißensee nennt es Pfarrer Giertz »den Einfall der Fremdheere«. Er fand statt, nachdem die Armee des Marschalls Davous am 24. Oktober 1806 in Berlin eingerückt war. Was machten die Franzosen an einem lange unvergessenen Sonnabend? Sie hausten. *Die Franzosen haben das alte Pfarrhaus nebst Schule abgebrannt. Auch die Kirche wurde heimgesucht.* Schreckliche Einzelheiten werden berichtet: *Ein Franzose riß*

Empfang der Königlichen Familie bei ihrer Rückkehr nach Berlin am 23. Dezember 1809

den Klingelbeutel von der Reichstange und benützte ihn als Tabaksbeutel! Als besonders verwerfliche welsche Tücke registriert Pfarrer Giertz: *Der Feind überrumpelt die Einwohner der Provinz meist unangemeldet und überraschend!*

Wie anders da die Preußenherrscher; geschlagen rollen sie von Königsberg herbei, melden sich in Weißensee ordentlich an und werden gebührend empfangen. Der Zeichner Heinrich Dähling ist zur Stelle und hält im Bilde fest: »Empfang der Königlichen Familie in Weißensee bei ihrer Rückkehr nach Berlin, am 23. Dezember 1809.« Was wir sehen, erklärt uns Pastor Giertz: *Links im Vordergrund sieht der Besucher den Eingang zum Major Schütz'schen Garten (später der »Grüne Baum«), im Jahre 1809 dem Oberhofrat Moser gehörig. Vor dem Zaun zur Linken sind die wenigen Schulkinder Weißensees aufgestellt. Wie sichs gehört, steht am rechten Flügel derselben, stolz auf seinen*

»Bakel« gelehnt, der Weißenseer Schulhalter. Endlich – und das ist der Hauptwertgrund dieses alten Weißenseer Bildes – wird unser Ort direkt mit dem Herrscherhaus in Verbindung gesetzt. Wir schauen das Herrscherpaar in dem Augenblick, wo nach beendigtem Frühstück der Deputierte des Berliner Magistrats, Geheimrat Büsching, die Hohe Frau bittet, den ihr trotz schwerer Zeit in dankbarer Treue gestifteten Galakutschwagen und die dazugehörigen vier Paar silberbeschlagenen Geschirre zu besichtigen und für den Einzug von Weißensee nach Berlin zu benutzen. Zur Seite der Königin steht Friedrich Wilhelm III.. Etwas mehr nach dem Beschauer zu, hinter der Fürstin, ihr Töchterchen Prinzessin Charlotte und ihrer Schwester Tochter Friederike, hinter diesen wieder zwei jugendliche Prinzen: zur Linken der größere, später König Wilhelm IV., zur Rechten, der kleinere, später König Wilhelm I., der große Kaiser.

Um es kurz zu machen: Die Königliche Familie nahm den Kutschwagen huldvollst an, kutschierte in ihm nach Berlin, nur der König ritt auf seinem Privatpferd danebenher; wahrscheinlich aus Sicherheitsgründen. Am Bernauer Tor öffnete die Königin sogar den Schlag ihres Kutschenwagens, um artig die Begrüßung des Oberbürgermeisters von Gerlach zu erwidern. Der Gruseldichter Zacharias Werner straft das zurückgekommene Königspaar in der Knobelsdorff-Oper mit folgenden Versen:

Du, der du Tau der Au
Dem Menschen Tränentau
Segnend verliehn:
Tröste die Königin.
Rein ist und schön ihr Sinn;
Laßt ihr aus Tränensaat
Friede erblühn!

1847 finden Manöver in Weißensee und Umgebung statt. An ihnen nimmt auch der Kronprinz teil, der sich ein Jahr später den Schimpfnamen »Kartätschenprinz« holt und trotzdem am 18. Januar 1871 deutscher Kaiser wird.

1848 hinterläßt das »Sturmjahr« in Weißensee eine Pflasterspur. Im Rahmen einer Arbeitsbeschaffungsmaßnahme bauen arbeitslose Weber die Berliner Straße weiter nach Bernau. Sie folgt nicht der ursprünglichen Route am Westufer des Weißen Sees (wie die heutige Parkstraße), sondern führt mitten durchs Dorf, als Dorfstraße und später als Berliner Allee.

1873 fährt am 1. November der erste Pferdeomnibus vom Alexanderplatz nach Weißensee. Die schlechten Straßen sind eine solche Schinderei für die Gäule, daß der Unternehmer bald aufgibt. Das bringt den Baulöwen Dr. Gäbler auf den Gedanken, eine Konzession für eine Pferde-Omnibus-Linie zu erwerben. Von einer guten Fahrverbindung verspricht er sich vermehrten Zuzug in seine Mietskasernen. So nimmt am 1. Januar

1877 die »Neue Berliner Pferdeeisenbahn-Gesellschaft« ihren Betrieb auf. Eine Zeitlang haben die Wagen fünf Räder. Das fünfte diente als Leitrad, der Kutscher brachte es in eine Schienenrille. Kam ihm ein anderer Wagen entgegen, hatte der schwächer besetzte auszuweichen. Man muß kein Glaßbrenner sein, um die Kutscherflüche zu ahnen. Das fünfte Rad wurde nach wenigen Monaten entfernt.

1880 wird der Rittergutsbezirk zur selbständigen Gemeinde Neu-Weißensee. Die Straße auf ihrem Territorium erhält zur Erinnerung an den einstigen Kurzbesuch des aus dem Exil zurückkehrenden Königspaares den Namen Königschaussee. Im Dorf Weißensee wird die Dorfstraße in Berliner Straße umbenannt.

1888 soll noch erwähnt werden, in Preußen »das Unglücksjahr mit den drei Achten« genannt. Am 9. März stirbt der alte Kaiser Wilhelm I.. Sein Nachfolger Friedrich III. regiert 99 Tage und segnet dann das Zeitliche. Er hinterläßt für »Büchmanns Geflügelte Worte« zwei Sprüche: *Ich habe keine Zeit, müde zu sein!* und *Lerne leiden ohne zu klagen*. Damit in den Nachbarländern keine falschen Vorstellungen aufkommen, steuert Lotse Bismarck bei: *Wir Deutschen fürchten Gott und sonst niemand auf der Welt!* Am 15. Juni 1888 wird Wil-

helm II. Kaiser und klopft eigene Sprüche. – Ach so: Das Unglücksjahr brachte Weißensee eine Gasanstalt.
1893 werden die unterirdische Kanalisation und die Wasserleitung gelegt. Die Gemeinde besitzt nun eine eigene Pumpstation und eigene Rieselfelder.
1897 wird am 26. September auf dem Antonplatz anläßlich des hundertsten Geburtstags ein Denkmal eingeweiht, das auf der Stirnseite die Inschrift trägt:

Wilhelm
dem Großen
die dankbaren Bürger
des Amtsbezirks
Weißensee
22. März 1897

1901 wird die Straßenbahn auf elektrischen Betrieb umgestellt, auch die seit 1892 bestehende Zweitlinie, die durch Langhansstraße und Prenzlauer Allee zum Zentrum führt. Für eine Tour vom Antonplatz bis zum Spittelmarkt beträgt der Fahrpreis 10 Pfennig.
1905 werden am 1. Januar auf allerhöchsten Erlaß die Gemeinden Neu-Weißensee und Weißensee zu einer einheitlichen Landgemeinde vereinigt.
1910 sucht die Gemeinde um das Stadtrecht nach. Um auch formalen Einwänden zu begegnen, erhält die Hauptstraße des Ortes den Namen Berliner Allee. Die Grundstücke werden neu numeriert.
1919 ziehen Demonstrationszüge bewaffneter Arbeiter nach Berlin, angeführt von Beschäftigten der Riebe-Kugellager-Fabrik. Mit den aus Berlin anrückenden Truppen kommt es zu Schießereien. Auch in der Allee wird gekämpft. Am 21. Februar brennt das Schloß nieder.
1920 wird Weißensee als 18. Verwaltungsbezirk Groß-Berlin eingemeindet.
1936 wird die Berliner Allee Bestandteil der Reichsstraße 2, die von Bayern nach Pommern führt. Nach 1945 werden

die Reichsstraßen in Fernverkehrsstraßen umbenannt. Die Numerierung bleibt, so daß nach der Wende die Umwandlung der F 2 in B 2 kein Problem ist.

1936 werden vor der Olympiade die Zigeuner aus Weißensee in das Lager in Marzahn zwangsweise umgesiedelt.

1945 rücken am 21. April Verbände der Roten Armee in Weißensee ein, ohne auf nennenswerten Widerstand zu stoßen. Vom Antonplatz aus nehmen die sogenannten Stalinorgeln Ziele in Stadtmitte unter Feuer. Propagandaminister Goebbels beschimpft die Weißenseer als ehrlos und feige. Die Berliner Allee wird nun von deutschen Granaten und Bomben getroffen.

1945 fährt drei Wochen nach der Kapitulation am 8. Mai der erste Omnibus als Schienenersatzverkehr zum Königstor. Für die Straßenbahnen müssen die zerstörten Oberleitungen neu errichtet werden.

1945 zieht im Herbst das Bezirksamt in das Askania-Gebäude, das zum Rathaus erkoren wurde.

1946 wird im Juli das Gebäude von der Sowjetischen Kommandantur beschlagnahmt. Von hier aus wird die Verwaltung der Sowjetischen Aktiengesellschaft (SAG) geleitet.

1953 zieht in das Askania-Haus das Ministerium für Staatssicherheit ein.

1953 marschieren am 17. Juni Arbeiter und Angestellte Weißenseer Betriebe in breiten Gruppen nach der Innenstadt.

1957 verlegt die DDR-Führung ihren Regierungssitz von Pankow nach Wandlitz. Dadurch wird die Berliner Allee Teil der sogenannten Protokollstrecke. Das bedeutet Sicherheitsvorkehrungen für die Autokolonnen der Partei- und Staatsführung. Störende Häuserecken werden weggesprengt, die Verkehrsposten durch Angehörige der Staatssicherheit ersetzt. Die Häuser, wenigstens ihr unterer Teil, werden regelmäßig renoviert, damit die vorüberfahrenden Herrscher und deren Gäste einen guten Eindruck von den Behausungen ihrer Untertanen bekommen. Das Grundmuster stammt vom Fürsten Potemkin.

1989 bringen die Straßenbahnen am 4. November von der Berliner Allee aus Tausende Bewohner aus Weißensee und Hohenschönhausen zur größten Kundgebung, die je auf dem Alexanderplatz stattfand und auf der das Volk sich friedlich von seiner Regierung verabschiedet. Wenige Tage darauf werden die Posten von der Protokollstrecke abgezogen.
1991 bestätigt die Bezirksverordnetenversammlung am 31. August die Rückbenennung der Klement-Gottwald-Allee in Berliner Allee.

So im Geschwindmarsch durch die Geschichte, das macht atemlos und durstig. Also gönnen wir uns einen kühlen Trunk und einen Imbiß im »Sonneneck«, Kreuzung Lehderstraße. Da kann man am besten über den Antonplatz lästern, das kulturell-geistige Zentrum der Wilhelminischen Zeit. Den Namen hat er von Anton Mathias Schön, einem Bruder des Gründervaters Gustav Adolf Schön. Als der nach Paris ging, übernahm der jüngere Bruder den Platz im Aufsichtsrat der Weißenseer Aktiengesellschaft.

Um die Jahrhundertwende hieß der Platz eine Zeitlang Kaiser-Wilhelm-Platz. Die Weimarer Republik ließ den Bronzekaiser demontieren und richtete als Ausdruck pragmatischen Denkens eine unterirdische Bedürfnisanstalt ein. Die hielt, bis im Realsozialismus das Rohrsystem zusammenbrach. Da wurde die Anstalt zugemauert und mit Blumenkästen bestückt. Um dieselbe Zeit wurde auch die schöne Rotunde am Kulturhaus »Peter Edel« geschleift. Bei Anlässen wie beim 1. Mai oder Blumenfest stellte man Bedürfniswagen auf, deren Feuerwehrschläuche an die noch funktionierenden Teile der Kanalisation angeschlossen wurden. Waren die Anlässe vorbei, zog man die Wagen wieder ab. Ohne Anlaß kein Bedürfnis!

Um den Platz mit einem Symbol zu entschädigen, bekam der zentrale Beleuchtungsmast ein gläsernes Bezirkswappen. Dabei hatte einst Weißensee weder als Dorf noch als Gutsbezirk ein Wappen. Das bastelte erst Pfarrer Giertz nach der

Der Antonplatz Anno 1916 ...

Vereinigung zusammen, indem er die Heiligenfiguren der Dorfkirche befragte. Wir können nicht nachfragen, sie sind im Feuer der Bombennacht verbrannt. Der Pastor entschied sich für die Heilige Katharina, die den Märtyrertod erlitt durch Rad und Schwert. Wir sollten seine Wahl billigen. Katharina heißt die Reine, sie war eine gelehrte Jungfrau, wurde unter Marention 307 gerädert und enthauptet. Ihr Fest begeht man am 25. November, sie ist Patronin der Philosophen und der Näherinnen, was kann man für eine aufstrebende Gemeinde am Rande von Berlin mehr verlangen?

Bei den Luftangriffen im Zweiten Weltkrieg fielen die meisten Bomben um den Antonplatz herum. Baracken, Döner-Buden, ein Parkplatz und die Anlage am Schlundt-Kulturhaus zeugen davon. Die Brandmauern sind inzwischen phantasievoll bemalt, in der Parkanlage plätschert Wasser von einer Stele, die im Volksmund Nudel heißt. Im Hintergrund steht die Bronzefigur eines beschwipsten Bauarbeiters, melancholische Mahnung, wohin es führt, wenn man schon don-

... und Anno 1993

nerstags Wochenende feiert. Vis à vis ist die Filmbühne Toni, in der bereits in den zwanziger Jahren Filme gezeigt wurden, die man in der Franz-Joseph-Straße gedreht hatte. Das traditionsreiche Haus ist inzwischen in den Besitz von Michael Verhoeven übergegangen. Es wurde von Grund auf renoviert und der Name des renommierten Filmemachers läßt uns hoffen, daß im »Toni« auch weiterhin Kintopp stattfindet.

An der Tassostraße erweisen wir einem Künstler Reverenz, Ur-Weißenseer, der bei seinen Umzügen nicht einmal den Kiez verließ. Geboren Sedanstraße 83, umgezogen nach Sedanstraße 111, noch einmal umgezogen in die Tassostraße 22. Der Mann heißt Werner Klemke, Grafiker und Buchgestalter, Professor gar und Hochschullehrer, vielfacher Preisträger, Ehrenbürger der Stadt Certaldo. Warum gerade Certaldo? Weil das die Bocaccio-Stadt ist und er das Dekameron so meisterlich mit Holzstichen illustriert hat, daß die Arbeit zu den Glanzstücken internationaler Buchkunst gerechnet wird. Dazu zählen auch die Pinselzeichnungen zu Diderots »Nonne«, die Farbzeichnungen zu Thomas Manns »Bekenntnisse des Hochstaplers Felix Krull« und die Illustrationen zu den Hausmärchen der Brüder Grimm. Er war sich auch nicht zu schade, ein Unterhaltungsmagazin über Jahrzehnte mit heiter-erotischen Titelblättern zu versorgen. In biographischen Notizen steht neben dem Geburtsdatum 12.3.1917 oft noch das Wort Autodidakt. Das stimmt nur bedingt. Werner Klemke war während des Krieges als Stabsgefreiter in Holland Meisterschüler des berühmten Kunstfälschers Hans von Megeeren. Eine solche Lehre ersetzt allemal das Studium in einer Akademie! Er ist 1994 im Alter von 77 Jahren gestorben und liegt auf dem katholischen Friedhof in der Smetanastraße begraben.

Es sei noch vermerkt, daß die Tassostraße auch ohne Triumphbogen Eingangstor zu einer »Kulturmeile« ist. In ihr wohnt der Schriftsteller Christoph Hein. In der Woelckpromenade signalisiert ein nackter lesender Bronzeknabe die Nähe von Literatur. Sie ist präsent durch die gegenüberliegende Bibliothek und durch zwei Schriftstelleradressen in der Woelckpromenade. Im Haus Nr. 5 wohnte bis zu seinem Tod Wieland Herzfelde (1896–1988), Miterfinder des Dadaismus, Dichter, Gründer des legendären Malik-Verlages. Er ist Ehrenbürger der Stadt Berlin, sein Werk wird von der Akademie verwaltet, sein Grab befindet sich auf dem Dorotheenstädtischen Friedhof in der Chausseestraße. Wer einen anekdotischen Einblick wünscht, halte sich an den im selben Haus wohnenden Schriftsteller und Feuilletonisten Lothar Kusche. In seinen Erinnerungsbänden »Nasen, die man nicht vergißt« finden wir auch Wieland Herzfelde und Werner Klemke.

Das größte Kaufhaus in der Allee gründete 1886 Adolf Brünn, es liegt gegenüber der Parkstraße. Der Name Brünn ist längst ausgemerzt. Die Firma wurde in der Nazizeit »arisiert«, Angehörige der Familie im KZ ermordet. Eine Gedenktafel erinnert daran. Zu DDR-Zeiten gehörte das Kaufhaus der HO, nun ist es ein attraktives Kauf-Center geworden, mit Friseursalon im Obergeschoß. Im allgemeinen ist zu wünschen, daß die Geschäfte in der Allee bald ihre festen Besitzer finden, damit die an Goldgräberzeiten gemahnenden Containerbuden verschwinden.

Gleich neben Brünn gab es das Café Gürgens, ein vornehmer Familienaufenthalt, in dem täglich Künstlerkonzerte stattfanden. Es verwandelte sich nach 1945 in das Café Harmonie, musiziert wurde munter weiter, und als in den fünfziger Jahren der Karneval auch in Berlin die Massen ergreifen sollte, bemühte sich dort ein Mann namens Just Scheu um die Einführung eigener Karnevalschlager. Der Mann hatte einmal ein Lied geschrieben mit dem Refrain:

Wenn das Schifferklavier an Bord ertönt,
dann sind die Matrosen so still,
weil ein jeder nach seiner Heimat sich sehnt,
die er endlich einmal wiedersehen will ...

Das Lied wurde ein Hit, weil tausende Matrosen im Kriegsdienst auf den Meeren unterwegs waren und sich nach Hause sehnten. Aber nur wenige Berliner sehnten sich nach einem Karneval, so blieb Just Scheu im Café Harmonie ein Rufer in der Wüste.

Das Sporthaus Erich Bockenauer wollen wir noch erwähnen, weil der tüchtige Erich nicht nur Sportgeräte verkaufte, sondern 1929 mit seinen Siegen den Turnverein Weißensee über die Grenzen Deutschlands hinaus bekanntmachte. Auch sein Sohn Bodo Bockenauer war ein bekannter Sportler, man rechnete ihn in den fünfziger Jahren zu den Eiskunstläufern der Spitzenklasse.

Wenn wir uns über die ampelgeregelte Kreuzung vorarbeiten, können wir an der Einmündung Albertinenstraße einer Schautafel Programm und Öffnungszeiten des Stadtgeschichtlichen Museums in der Pistoriusstraße 8 entnehmen. Bleiben wir auf dieser Straßenseite, kommen wir zur Flora-Apotheke. Das Haus (Nr. 109) wurde ca. 1880 gebaut und trotz mehrerer Renovierungen in seiner ursprünglichen Form erhalten. Von ähnlicher Beschaffenheit waren viele Häuser des alten Neu-

Seit 42 Jahren.....

Kaufhaus
A. Brünn jr.
Berliner Allee 29-31

1886

Der Gründer
Herr
Adolf Brünn
. . . . .

1908

1886

1928

**gegenüber
der Parkstraße**

1928

. . . und noch
jetzte Leiter
der Firma!

Kaufhaus Brünn in seiner besten Zeit

Weißensee. Wenige Schritte weiter erblicken wir einen industriellen Backsteinbau, dessen eine Front durch eine große Uhr hervorgehoben wird. Beim ersten Hinsehen tippt man auf eine Brauerei, und der Tip ist richtig. Dort braute Sternecker – wir kommen noch auf ihn zu sprechen – für sein Weltetablissement Bier. Dann wechselte der Besitzer, und das Unternehmen hieß Brauerei Enders. 1924 übernahm Herr Rudolf Koschwitz den Laden und führte ihn als Fleischerei weiter. Die Koschwitz-Würstchen waren in aller Munde, trotz des holprigen Werbeslogans:

Zu jedem Sport, auch beim Fußball:
Koschwitz-Würstchen überall!

Das Kulturhaus »Peter Edel« gehört auch zu den Bauten von Sterneckers Weltetablissement. Als Eingangsrestaurant stand es vor dem »Bäuerlichen Ballhaus«. Das Ballhaus ist verschwunden, das Kulturhaus steht und schmückt sich trutzig mit dem Weißenseer Wappen. Peter Edel (1923–1983) war ein Schriftsteller, der den Holocaust überlebt hat und mit Büchern und Filmen dazu beitrug, ihn vor dem Vergessen zu bewahren. Hervorgehoben seien seine Autobiographie »Wenn es ans Leben geht« und der Roman »Die Bilder des Zeugen Schattmann«. Wenige Meter vom Kulturhaus entfernt erinnert im Park ein Denkmal an den antifaschistischen Widerstand in Weißensee.

Spazieren wir weiter stadtauswärts, haben wir Grund, drei verschwundenen Gasthäusern nachzutrauern, von denen zumindest zwei für Alt-Weißensee prägend waren. An der Einmündung der Indira-Gandhi-Straße, auf der Seeseite, lag das Restaurant »Zum Grünen Baum«, ehemals ein Landhaus, das dem Major Schütz'schen Hause zugehörte, in dem 1809 die preußische Königsfamilie abstieg. Auf der anderen Straßenseite, nahe der heutigen Buschallee, stand der alte Dorfkrug, aus dem das »Café Rettig« wurde, in dem Herr Schön aus Hamburg Weißensee kaufte – auch das werden wir noch lesen. Einer Straßenverbreiterung fiel auch der »Berliner-

Veredelter Rest von Sterneckers Weltetablissement:
das Kulturhaus »Peter Edel« Anfang der achtziger Jahre

Kindl-Spezialausschank« zum Opfer, Berliner Allee Ecke Indira-Gandhi-Straße, wo heute eine im Weltfestspiel-Stil bemalte Giebelwand postsozialistische Tristesse verbreitet.

Nun gilt es, die alte Dorfkirche zu besichtigen. Daß sie noch steht, ist der chronischen Geldknappheit des Magistrats zu verdanken. 1929 sollte an der Ecke Falkenberger eine U-Bahnstation gebaut werden, und der Kirche drohte der Abriß. Man bot der Kirchengemeinde als Ersatz das Grundstück des städtischen Blindenheims an. Geldmangel machte die Pläne zunichte, und so blieb es englischen Bombern vorbehalten, die Kirche in der Nacht vom 23. zum 24. August 1943 zu zerstören. Die Anstrengungen einiger Jahrhunderte gingen dabei zugrunde. Bereits im 13. Jahrhundert war am selben Ort eine Kapelle aus Feldsteinen errichtet worden, im 15. Jahrhundert wurde ein Schiff aus Backstein aufgebaut. 1863 wurden das Kirchenschiff erweitert und der Turm vergrößert. Die Glocken verschwanden etappenweise. Die kleinste wurde im Ersten Weltkrieg eingeschmolzen, die zweite, immerhin aus dem Jahre 1664, mußte im Januar 1942 abgeliefert werden, die große aus dem Jahr 1474 zerschmolz in der Bombennacht. Der Altar mit den Schutzheiligen, darunter der Heiligen Katharina, verbrannte, auch die vierzehn Nothelfer waren dagegen machtlos. Der Neuaufbau vollzog sich unter Schwierigkeiten, wie allgemein nach dem Krieg. Am 24. Dezember 1948 jedoch fand in der wiederhergestellten Kirche die erste Christvesper statt.

Beachtung verdient auch das gegenüberliegende Bürgerhaus, Berliner Allee Nr. 185. Dort zogen im Mai 1949 Bertolt Brecht und Helene Weigel ein. Für den Dichter war auch dieses Quartier etwas Vorläufiges, wie viele andere auch. Er fuhr täglich mit seinem alten Steyr zum »Berliner Ensemble«, das damals noch im Deutschen Theater gastierte. Als er sein eigenes Theater bekam, zog er 1953 in eine Wohnung in der Chausseestraße. Drei Jahre später bettete man ihn auf dem Dorotheenstädtischen Friedhof zur letzten Ruhe. Sein Weißensee-Gedicht ist eine Anmerkung zur Vergänglichkeit.

Ein neues Haus
Zurückgekehrt nach fünfzehnjährigem Exil
Bin ich eingezogen in ein schönes Haus.
Meine No-Masken und mein Rollbild, den Zweifler zeigend
Habe ich aufgehängt hier. Fahrend durch die Trümmer
Werde ich tagtäglich an die Privilegien erinnert,
Die mir dies Haus verschafften. Ich hoffe
Es macht mich nicht geduldig mit den Löchern
In denen so viele Tausende sitzen. Immer noch
Liegt auf dem Schrank mit den Manuskripten
Mein Koffer.

An der Kreuzung Rennbahnstraße blinkt zur Linken ein Kneipenschild: »Gasthaus am Bismarckstein«. Den Stein selber finden wir neben dem BVG-Wartehäuschen unter einer großen Eiche, einen schönen Findling aus Gneis, mit der Inschrift »Unserm Bismarck – Die Bürger Weißensees, 30. Juli 1908«. Um den Text zu lesen, mußte man sich lange Zeit auf die Straße legen, denn militante Anti-Bismarckianer hatten den Stein 1945 umgewälzt. Bei den damaligen Umwälzungen verständlich, um so mehr, als der »Vorwärts« bei der Einweihung geschrieben hatte: *Im Arbeiterdorf Weißensee stoßen dergleichen Volksfeste auf keine Gegenliebe.* Ein Volksfest wurde nicht daraus gemacht, aber das Bezirksamt ließ den Stein 1994 wieder in die richtige Lage bringen. Bürgermeister Schilling kommentierte salomonisch: »Wichtig ist nicht der Stein, sondern die Grünanlage!«

1941 wurde an der Kreuzung Franz-Joseph-Straße ein moderner Klinkerbau fertiggestellt, den das Architekturbüro Schubert entworfen hatte. Heute befindet sich in ihm das Rathaus, Berliner Allee 252. Vorher war anderes darin. Von 1942 bis 1943 die feinmechanischen Werke Askania und der chemische Apparatebau Raspe. Letzterer baute Zusatztanks für Jagdflugzeuge, Askania stellte Meßapparate für die Luftwaffe her, unter anderem das Malsi-Gerät für die Flak. Die Askania-Werke gaben dem Hochhaus den Namen. 1945 wurden beide Firmen demontiert. Aus Raspe wurde nach mancherlei Metamorphosen Stern-Radio. Im Herbst 1945 zog das Weißenseer Bezirksamt in den Turmbau. Die Freude war kurz. Schon im Juni 1946 wurde das Gebäude Verwaltungssitz der Sowjetischen Aktiengesellschaft (SAG). 1953 wurden die SAG aufgelöst, und das Ministerium für Staatssicherheit übernahm das Objekt. Einige Jahre später wurde von hier aus die gesamte Protokollstrecke überwacht, teilweise auch Wandlitz mitverwaltet. (Die »Waldsiedlung« hatte eine Weißenseer Postleitzahl!) Am 23.1.1990 verschaffte sich eine durch den Runden Tisch gebildete Arbeitsgruppe Zutritt zu dem Gebäude, dessen Verwalter sich inzwischen »Amt für Nationale Sicherheit« nannte. Das Waffenarsenal wurde geräumt, und am 31. Mai 1990 konstituierte sich die neugewählte Bezirksverordnetenversammlung im Kinosaal des Hauses. Als Fußnote sei noch vermerkt, daß Jan Carl Raspe, ein Angehöriger der Weißenseer Unternehmerfamilie Raspe, sein Leben als RAF-Mitglied im Zuchthaus Stuttgart-Stammheim beendete.

Die 1948 wiederaufgebaute Dorfkirche

Weiter auf Fontanes Spuren wandern wir bis zum Ortsausgang von Malchow und biegen da scharf links ab in die Kolonie Märchenland. (Weniger marschierfreudige Familien können auch mit dem 255er Bus bis Schwarzelfenweg fahren.) Weißensee hat 19 Kleingartenanlagen, »Märchenland« ist eine der schönsten, weil nicht eingepfercht in Häuserkarrees und Hauptverkehrsstraßen. Die Anlage ist ein harmonischer Übergang zwischen aufgelockerter Stadtsiedlung und dörflicher Feldwirtschaft. Jeder Weg der Siedlung trägt den Namen einer Märchenfigur. Von Rotkäppchen und Schneewittchen finden wir sie alle bis Reinecke Fuchs und Zwerg Nase. Auch die Dichter sind nicht vergessen, die Brüder Grimm haben ihren Weg und Hans Christian Andersen, und ob sich ihre Wege kreuzen, weiß der Chronist nicht mehr, aber spazieren heißt ja auch entdecken. Das Märchenland zu entdecken lohnt sich für jung und alt!

Zweiter Spaziergang

Durchs Komponistenviertel über den Jüdischen Friedhof zum Faulen See

Komponistenviertel wurde es erst 1951. Vorher hieß es das Französische Viertel, weil die Straßen nach markanten Orten des siegreichen Feldzuges gegen Frankreich benannt worden waren oder nach Gebieten, die Frankreich nach dem Krieg von 1870/71 an Deutschland abtreten mußte: Sedan, Wörth, Belfort, Elsaß, Lothringen, Metz, Weißenburg. Die von Frankreich bezahlten fünf Milliarden Goldfrancs wirkten belebend aufs Immobiliengeschäft. Der Hamburger Großkaufmann Gustav Adolf Schön erwarb 1872 das Rittergut Weißensee für 700.000 Taler. Der Mann besaß Gespür. Ein Zeitgenosse schildert es so: *Als nach dem französischen Kriege die neue Reichs- und Kaiserstadt Berlin, deren außerordentlicher Aufschwung unzweifelhaft Kapitalisten aus allen Ländern herbeizog zu Spekulation in Grund und Boden, tauchte auch zum ersten Male der Name Weißensee auf, als eines des in nächster Umgebung von Berlin liegenden Spekulations-Objekts. Indeß der Umstand, daß die Ausdehnung Berlins seit undenklicher Zeit stets nach Westen stattgefunden hatte, veranlaßte alle Spekulanten, den Osten und namentlich die Gegend hinter dem Friedrichshain wie eine verlorene und der Zivilisation nicht zugängliche zu betrachten; kein Berliner Spekulant wagte sich nach dieser Gegend hin. Unserer Nachbarstadt Hamburg war es vorbehalten, unternehmende Spekulanten zu liefern, welche, über die Berliner Vorurteile keck sich hinwegsetzend, in Weißensee ein Terrain erkannten, welches ... in der Entwicklung Berlins eine hervorragende Rolle zu spielen bestimmt war* (Heinrich Joachim Gehlsen).

So wie Schön dachte auch der Geheime Admiralitätsrat Dr. Ernst W. J. Gäbler, der von Schön 152 Morgen kaufte und eine Baugesellschaft für Mittelwohnungen gründete. An den Handelsgärtner Hermann Roelcke verkaufte Schön 600 Morgen. Roelcke legte Straßen an, ließ Ziegeleien bauen und auch Mietshäuser. Den Rest des Rittergutes verkaufte Schön an eine Aktiengesellschaft, deren Hauptaktionär er selber war. Diese gemeinnützige Gesellschaft veräußerte den Restbestand des einstigen Rittergutes an zahlungskräftige Bauherren. Die Einwohnerzahl des Gutsbezirks stieg in der Zeit von 1872 bis 1880 von 169 auf 3.688.

Die Baugesellschaft für Mittelwohnungen ließ am Nordwestrand des sogenannten Karnickelberges – ungefähr begrenzt durch die Indira-Gandhi-Straße, den Jüdischen Friedhof, die Berliner Allee und die Gürtelstraße – vierstöckige Wohnhäuser errichten. Ohne Wasserleitung und Gasanschluß wurden sie oft schon im Rohbau an Arbeiter und Kleingewerbetreibende vermietet, die aus den preußischen Ostprovinzen kamen und in der Haupstadt des neuen Reiches ihr Glück suchten. Zu denen, die ihr Glück im Französischen Viertel machten, gehörte Carl Müller, der 1875 in der Belforter Straße eine Gummiwarenfabrik gründete. 1889 wurde der Betrieb Aktiengesellschaft, und bald war Gummi-Müller in Weißensee ein fester Begriff. Heute wird dort nicht mehr produziert. Das Fabrikgebäude und das dazugehörige Wohnhaus (Puccinistraße 16–32) stehen unter Denkmalschutz. Wer die Straße entlangspaziert, gönne auch den Alleebäumen einen Blick. Es handelt sich um schöne mittelwüchsige Exemplare des Baumhasel, die in einigen Jahren sicher unter Naturschutz gestellt werden.

Viele der Gründerjahrhäuser des Französischen Viertels sind inzwischen renoviert worden. Trotz des offenkundigen Stilekletizismus betrachtet man sie heute mit einem gewissen nostalgischen Wohlgefallen. Wer einen Eindruck haben möchte vom Leben um die Jahrhundertwende, der werfe einen Blick in die Hinterhöfe. Eine rühmliche Ausnahme ist der

Böhmisches in der Sedan-, Ecke Wörthstraße
(heute Bizet-, Ecke Smetanastraße)

Hof in der Bizetstraße 104. Hier wurde in den zwanziger Jahren eine Produktionsstätte für Schallplatten in Wohnungen umgewandelt. Die großzügigen Fensterfronten und die harmonische Gliederung der Fassade durch gelbe und braune Klinker ist beeindruckend.

Auch eines Schriftstellers ist zu gedenken, eines prominenten Mitbegründers der Gruppe 47, Wolfdietrich Schnurre. Er kam 1928 als Achtjähriger nach Weißensee. Sein Vater bezog eine Wohnung in der Straßburgstraße Ecke Wörthstraße (heute Meyerbeer, Ecke Smetana). Sein autobiographischer Roman »Als Vaters Bart noch rot war« (1958) spiegelt Weißenseer Vergangenheit in herzbeklemmend schönen Geschichten.

In seinem »Brief an eine Schülerin« (1963) berichtet Schnurre: *Wir wohnten ganz im Nordosten, in Weißensee, einem Arbeiterviertel. Es gab viele Mauersegler am Himmel und fast ständig politische Unruhen auf den Straßen. Im Hause arbeitete ein jüdischer Glaser. Wenn er einen Spiegel reparierte, setzte er sich immer erst eine dunkle Brille auf, wegen der fremden Blicke, die den Spiegel unrein gemacht hatten. Es war ein Eckhaus mit einer Kneipe darin. Alle paar Tage kehrten vom nahegelegenen Friedhof die Trauergemeinden zum Totengedenkessen dort ein. Es gab immer dasselbe: Eisbein mit Sauerkraut und dazwischen tauchten die Frauen ihre verweinten Gesichter in die großen besänftigend kühlen Weiße-Gläser hinein.*

Mein Vater hatte eine Stelle als Bibliothekar an der Berliner Stadtbibliothek erhalten und war für Weißensee zum Naturschutzbeauftragten ernannt worden. Er durfte sich ein schönes Emailleschild am Hauseingang anbringen lassen, auf dem seine Sprechstunden standen. Doch in all der Zeit ist nur einmal ein kleiner Junge mit einem Maikäfer gekommen, dem eine Flügeldecke abgebrochen war.

Eine der Straßen des Französischen Viertels bekam keinen Komponisten ab; sie trägt den Namen des Elektrikers Herbert Baum (1912–1942), eines jüdischen Antifaschisten. Er leitete eine Widerstandsgruppe, der hauptsächlich Jugendliche angehörten, die auf Grund ihrer jüdischen Herkunft im Dritten

Reich nicht lernen und studieren durften. Im Mai 1942 verübte die Gruppe einen Brandanschlag auf die Naziausstellung »Das Sowjetparadies«. Durch Verrat fielen wenige Tage später fast alle Gruppenmitglieder in die Hände der Gestapo. Herbert Baum wurde im Polizeigefängnis zu Tode gefoltert. Sein Grab befindet sich auf dem Weißenseer Jüdischen Friedhof. Ihm zu Ehren wurde die Lothringenstraße, die zum Haupteingang des Friedhofs führte, in Herbert-Baum-Straße umbenannt.

Ehe wir den Friedhof betreten, empfiehlt sich ein kurzer Rückblick auf seine Geschichte. Es ist der vierte jüdische Friedhof auf dem heutigen Berliner Stadtgebiet. Der erste, der Juden-Kiewer in Spandau, erstmals 1324 urkundlich erwähnt, wurde 1510 zerstört, die Grabsteine sind teilweise beim Bau der Zitadelle verwendet worden. Im siebzehnten Jahrhundert holte der Große Kurfürst zur Förderung seines durch den Dreißigjährigen Krieg arg mitgenommenen Landes Holländer und Hugenotten nach Brandenburg und auch fünfzig jüdische Familien, wegen ihrer Spezialkenntnisse in der Kapital- und Kreditwirtschaft. So kam es, daß 1672 in der Großen Hamburger Straße ein jüdischer Begräbnisplatz angelegt werden konnte. An dieser Stätte, auf einer Fläche von ungefähr einem halben Hektar, wurden im Laufe von 150 Jahren etwa 12.000 Tote begraben. 1827 wurde der Friedhof für Bestattungen gesperrt. Die Jüdische Gemeinde errichtete auf dem Gelände ein Altersheim, das seine Aufgaben bis in die Nazizeit hinein erfüllte. In den letzten Kriegsjahren diente es als Sammelstelle für zur Deportation bestimmte Juden. Der Friedhof wurde zerstört, die Grabsteine dienten zum Befestigen von Splittergräben.
  Nach der Schließung des Friedhofs in der Großen Hamburger wurde an der Straße nach Pankow, der späteren Schönhauser Allee, ein neuer Begräbnisplatz eröffnet. Hier zeigte sich, was in Weißensee noch deutlicher werden sollte: Die Auseinandersetzung zwischen den Traditionalisten und den

Reformern. So löste die in hochdeutscher Sprache gehaltene Einweihungsrede des Rabbiners doppelten Protest aus. Die Regierung schalt ihn wegen »Nachahmung christlicher Sitten«, und die Orthodoxen kritisierten ihn wegen Verletzung jüdischer Tradition. Die preußische Emanzipationsgesetzgebung, die den Juden den Zutritt in die bürgerliche Gesellschaft ermöglicht hatte, brachte für immer größere Kreise die Anpassung an Sprache und Ritual christlicher Konfessionen, war für Liberalisierung und gemäßigte Reformen. Als Reaktion darauf schlossen sich die Reformgegner 1869 zur orthodoxen »Adass Jisroel« zusammen. Sie trennten sich auch organisatorisch und erwarben 1878 in Weißensee an der heutigen Wittlicher Straße ein eigenes Friedhofsgelände. Da die jüdische Bevölkerung zwischen 1812 und 1874 von 3.000 auf über 45.000 angewachsen war, mußte auch der neue Friedhof in der Schönhauser Allee aus Mangel an Begräbnisplätzen geschlossen werden. Nur auf reservierten Grabstätten fanden bis kurz vor Ende des Zweiten Weltkrieges noch Beisetzungen statt.

Aus den geschilderten Gründen kam es am 9. September 1880 zur Einweihung des Jüdischen Friedhofs in Weißensee. Der Chor sang in deutscher Sprache, und der Rabbinatsassessor Dr. Ungerleider sprach zum Schluß ein Gebet, in dem er »den Segen des Himmels auf den Kaiser, sein Haus, auf das Reich und die Stadt« herabflehte. Das war keine leere Floskel. Wenn auch viele Juden in den achtziger und neunziger Jahren zum Liberalismus und zur Sozialdemokratie übergegangen waren, fühlten sie sich doch dem Kaiserreich zugehörig als »deutsche Staatsbürger jüdischen Glaubens«.

Zur gleichen Zeit formierten sich auch die Antisemiten. Hofprediger Stoecker hielt in seiner Christlich-sozialen Arbeiterpartei Brandreden gegen das Judentum und berief sich dabei auf den Historiker Heinrich von Treitschke, der behauptet hatte: Die Juden sind unser Unglück! So konnten die Nazis, als sie den Antisemitismus zur Staatsreligion erhoben, auf vielfältige Vorarbeit aufbauen, die unselige Idee in einen or-

Gedenktafel am Haupteingang zum Jüdischen Friedhof

ganisierten Vernichtungsmechanismus umsetzen, der sechs Millionen Juden das Leben kostete.

Wenn wir den Friedhof betreten haben, bedeckten Hauptes die Männer, stehen wir vor einem Rondell, auf dem eine schwarze Gedenktafel an die von 1933 bis 1945 ermordeten Juden erinnert. Im Kreis geordnete Steinplatten tragen die Namen von Konzentrationslagern. Hinter diesem Rondell erheben sich gelbe Backsteinbauten, die Trauerhalle mit ihren Nebengebäuden, 1881 nach Plänen von Hugo Licht errichtet, im Stile der italienischen Renaissance. Die zweite Trauerhalle, die 1910 in der Mitte des Friedhofs gebaut wurde, fiel 1944 einem Bombenangriff zum Opfer. Die Ruine wurde abgetragen.

Das Friedhofsgelände ist in Planquadrate gegliedert, die Felder sind alphabetisch und mit Nummern gekennzeichnet, beginnend am Haupteingang mit A1 und endend im Süden mit P5, dazu als östliche Erweiterung die Felder A6 bis P7. Der von der Friedhofsverwaltung herausgegebene Orientierungsplan unterscheidet zwei Gruppen: Denkmäler historisch bedeutender Verstorbener und Denkmäler von künstlerischem Wert. Aus bekannten Gründen fällt das nicht immer zusammen.

Wer sich für die erste Gruppe entscheidet, sollte besuchen: In der Abteilung A1 die Gräber für den Hebraisten David Cassel, den Geographen Julius Loewenberg, den Schriftsteller Karl Emil Franzos, den Literaturhistoriker Gustav Karpeles, den Komponisten und Chordirigenten Louis Lewandowski, den Philosophen Heymann Steinthal, den Nationalökonomen und Sozialpolitiker Max Hirsch, den Pharmakologen Max Jaffé. Am Südende dieser Reihe steht der Gedenkstein für Herbert Baum, auf dem auch die Namen von siebenundzwanzig anderen 1942/43 hingerichteten Mitgliedern seiner Widerstandsgruppe verzeichnet sind.

Folgen wir der Ehrenreihe am Feld G1, so stoßen wir u.a. auf den Historiker Martin Philippson, den Physiker Eugen Goldstein, den Schriftsteller Micha Josef Bin-Gurion, den Rabbiner Simon Bernfeld, den Maler und Grafiker Lesser Ury, den Kunsthistoriker Lothar Brieger, den Philosophen Hermann Cohen.

Außerhalb der Ehrenreihe seien genannt: der Publizist Theodor Wolff, der Mediziner Ferdinand Strassmann, die Verleger Rudolf Mosse und Samuel Fischer, der Gründer des Warenhauses KaDeWe, Adolf Jandorf, der Gründer von Hertie, Hermann Tietz, Theaterdirektor und Schwankproduzent Oscar Blumenthal, der die Premiere von Gerhart Hauptmanns »Vor Sonnenaufgang« im Lessing-Theater ermöglichte. Ein anderer, Dr. Isidor Kastan, warf aus diesem Anlaß eine Geburtszange oder drohte, sie zu werfen. Egal, wie hart die Auseinandersetzungen gewesen sein mögen, die Kontrahenten ruhen auf demselben Friedhof, und Blumenthals Schwank »Im Weißen Rössl« ist mit der Musik von Ralph Benatzky ein Welterfolg geworden.

Auf alten jüdischen Friedhöfen galt für alle Grabsteine eine einheitliche Höhenbegrenzung. Das sollte heißen: Nach dem Tod sind alle gleich. In Weißensee wird diese Sitte durchbrochen. Neben traditioneller jüdischer Grabgestaltung finden wir exemplarische Beispiele wilhelminischer Prachtentfaltung. Sie sind sowohl Ausdruck des Zeitgeistes als auch steingewordener Beweis, wie schwer es für die Aufsteiger aus den unteren Schichten war, ein Gefühl für Maß und Wert zu finden. Die traditionellen einfachen Kalk- und Sandsteine wurden immer seltener verwendet. Marmor und polierter Granit traten an ihre Stelle, statt der hebräischen Buchstaben wurden lateinische verwendet. Scheinsarkophage wuchsen zu Tempeln empor. Auch gegen das alte Verbot, Gräber mit Bildnissen zu schmücken, wurde verstoßen. Warenhausbaumeister wurden mit der Gestaltung von Grabstellen beauftragt. Nach dem Niedergang des Kaiserreichs und seiner Prunkarchitektur setzte sich auch in der Grabmalkunst durch, was modern war.

In seinem Buch »Weißensee« gibt Peter Melcher eine treffende Charakterisierung des Friedhofs: *Die Totenstadt von*

Weißensee kann durchaus als ein Abbild der Gesellschaft im damaligen Berlin gesehen werden. Da gibt es die breiten repräsentativen Gräberstraßen, auf denen man die Honoratioren des Wilhelminischen Deutschland trifft. Die Geheimen Justizräte, die Geheimen Medizinalräte bzw. Sanitätsräte, den Königlich-Preußischen Hofpianisten, Doktoren und Professoren. Und abseits der prächtigen Boulevards dann die Hinterhöfe, die kleinen Reihenstellen der Namenlosen, eng gedrängt, Grab an Grab.

Schaut man sich die künstlerisch gestalteten Grabmäler genauer an, finden sich an der Nordwestmauer und an der nördlichen Hälfte der südwestlichen Friedhofsmauer in dichter Folge Beispiele des Historismus, vor allem im Stil der Neorenaissance; auf der nördlichen Friedhofshälfte dagegen Familiengrabstätten in Hausform, im Stil der Spätromantik. Hervorgehoben seien: J. Appelbaum, S1 (30), F. Mecklenburg, V1 (31), Salinger-Daniel, K2 (33). Mischformen von Renaissance und Barock: Grabmal R. Ernst, F2 (34), Th. David, J2 (35), Beispiele schmiedeeiserner Grabmalskunst: M. Israel, M; (36).

Der Erbauer des Völkerschlachtdenkmals, Bruno Schmitz, konnte sich nur schwer zurückhalten, als er das Grabmal für A. und S. Aschrott, C2 (37), entwarf. Es übertrifft an Aufwand alle anderen. Typisches Beispiel für den Jugendstil sind u.a. das Erbbegräbnis Becker, E2 (38), von Martin Dülfer und das Grabmal A. Cohn, R2 (39), von Otto Stichling. Südöstlich der Trauerhalle finden sich weitere markante Grabmäler, so die Begräbnisstätte Katz-Lachmann, Ostmauer 45. Unmittelbar daneben das Familiengrab E. Panofsky von Ludwig Hoffmann. Im Stil des Neoklassizismus das Grabmal des Kammersängers Josef Schwarz, A6 (49), ein dorischer Tempel. Als letztes Beispiel prominenter Grabbaumeisterkunst sei das Grabmal Mendels genannt, P4 (53), entworfen 1924 von Walter Gropius. Was Wunder, daß ein Friedhof wie dieser auch in der Literatur Spuren hinterlassen hat. Kurt Tucholsky veröffentlichte 1925 unter seinem Pseudonym Theobald Tiger in der »Weltbühne« das Gedicht:

Gräberreihe auf dem Friedhof Addas Jisroel

In Weißensee
Da, wo Chamottefabriken stehn
    – Motorgebrumm –
da kannst du einen Friedhof sehn,
    mit Mauern drum.
Jedweder hat hier seine Welt:
    ein Feld.
Und so ein Feld heißt irgendwie:
    O oder I ...
Sie kamen hierher aus den Betten,
aus Kellern, Wagen und Toiletten,
    und manche aus der Charité
            nach Weißensee,
                    nach Weißensee.
Wird einer frisch dort eingepflanzt
    nach frommem Brauch,
dann kommen viele angetanzt –
    das muß man auch.

Harmonium singt Adagio
  – Feld O –
das Auto wartet – Taxe drei –
  – Feld Ei –
Ein Geistlicher kann seins nicht lesen.
Und was er für ein Herz gewesen,
    hört stolz im Sarge der Bankier
        in Weißensee,
            in Weißensee.

Da, wo ich oft gewesen bin,
    zwecks Trauerei,
da kommst du hin, da komm ich hin,
    wenns mal vorbei.
Du liebst. Du reist. Du freust dich, du –
    Feld U –
Es wartet in absentia
    Feld A.
Es tickt die Uhr. Dein Grab hat Zeit,
drei Meter lang, ein Meter breit.
    Du siehst noch drei, vier fremde Städte,
        du siehst noch eine nackte Grete,
            noch zwanzig-, dreißigmal den Schnee
                Und dann:
                    Feld P – in Weißensee –
                        in Weißensee.

In dem Roman »Die Bilder des Zeugen Schattmann« von Peter Edel gibt es eine Szene, in der beschrieben wird, wie illegal in Berlin lebende Juden in der Grabstätte des Kammersängers Josef Schwarz Zuflucht suchten.

Zum Schluß sei auf eine Erzählung von Christoph Hein verwiesen, »Die Familiengruft«. Sie stellt einen Bezug her zum Grab Abteilung W4 Reihe 7. Dort ruht David Donat Herrnfeld, der Leiter des Theaters an der Kommandantenstraße, das nach 1933 in ein »Theater des Jüdischen Kulturbundes« umgewandelt wurde. Es war die einzige Arbeitsstätte für jüdische Schauspieler. Auch Christoph Heins Onkel Eugen war an diesem Theater engagiert, bis es 1941 geschlossen wurde. Dann verschwand der Onkel. Nach zweiunddreißig Tagen wurden er und seine Familie in einer Gruft des Jüdischen Friedhofs tot aufgefunden. Er hatte die Demütigungen, die ihm angetan worden waren, nicht mehr ertragen können. Um es mit Johann Peter Hebel zu sagen: Die Geschichte ist des Lesens zweimal wert.

Nach dem Besuch des Jüdischen Friedhofs empfiehlt sich ein Spaziergang durch die Bizetstraße (früher Sedan) oder die Meyerbeerstraße (früher Straßburg). Sie führen beide zum Solonplatz, in den die Lindenallee mündet und der bis 1937 Lindenplatz hieß. Die Nazis benannten ihn nach einem ihrer alten Kämpfer; das mag der Grund gewesen sein, weshalb man ihn 1947 nicht in Lindenplatz rückbenannte, sondern ihm den Namen Solons gab, des berühmten Gesetzgebers aus dem alten Athen, der die Schuldknechtschaft aufhob und die Bauern befreite. Der architektonisch wohlgestaltete Platz mit seinen schönen Blutbuchen hat auch ein anmutiges Denkmal, zwei Bronzeaffen auf Backsteinsockel, gedacht als Symbol für Wärme und Geborgenheit.

Gleich hinter dem Platz zweigen von der Meyerbeerstraße die Mutziger und die Benfelder Straße ab, Namensüberbleibsel des Französischen Viertels. Die Häuser aus den Jahren 1925 bis 1930 sind viergeschossige Putzbauten, deren Hauseingänge mit versetzten Klinkern umrahmt sind, die zur harmonischen Gliederung der Fassade beitragen.

Wenn wir dann vor der Indira-Gandhi-Straße stehen (ehemals Lichtenberger) sehen wir hinter einer Backsteinmauer rechter Hand den Friedhof der Auferstehungsgemeinde, der vom Orankeweg begrenzt wird und linker Hand das Areal des St. Josephs-Krankenhauses, begrenzt durch die Gartenstraße. Es ist ein Fachkrankenhaus für Neurologie und Psychiatrie. 1888 kauften die Alexianerbrüder aus Neuß das Weißenseer Grundstück, Gartenstraße 1, ein 14 Hektar großes Bauerngut, und bauten darauf eine Heilanstalt, die 1893 eingeweiht wurde. Die Leistungen der »frommen Brüder« wur-

Die Affen am Solonplatz nach einem Graffiti-Attentat

den auch von der nichtkatholischen Bevölkerung anerkannt. 1941 kamen aus dem zerbombten Aachen Schwestern vom Orden der Heiligen Elisabeth nach Weißensee. Das ermöglichte die Einrichtung einer Station für werdende Mütter. 1941 wurde hier die Schauspielerin Angelika Domröse geboren, deren Vater ein französischer Kriegsgefangener war. Nach Kriegsende nahmen im St. Josephs-Krankenhaus Schwestern vom Orden der Mägde Mariens, die aus Schlesien vertrieben worden waren, ihre Arbeit auf. St. Joseph verfügt auch über einen bemerkenswerten Park. Wir finden Schwarznußbäume, Tulpenmagnolien, Douglasien, eine deutsche Mispel und auch einen Gingko!

Wenn wir den Park verlassen haben und die Gartenstraße betreten, fällt uns unter einem Kreuzeszeichen eine halbrunde durchbrochene Backsteinfront auf. Sie gehört zu dem Gebäude der Neuapostolischen Kirche. Die Gemeinde, die im ersten Drittel des 19. Jahrhunderts in England entstand, beruft sich auf das Urchristentum und fand bald weltweite Verbreitung. Die Kirche und das mit ihr verbundene Gemeindehaus (Gartenstraße 37) wurden 1932 nach einem Entwurf von Albert Gericke auf einem winkelförmigen Grundriß errichtet, so daß die gerundete Ecke mit ihrer Klinkerverblendung zum Blickfang wird.

Spazieren wir die Gartenstraße weiter, stoßen wir auf eine Grünanlage, auf der die Anwohner in der Nachkriegszeit Getreide anbauten. Die meisten wußten sicher nicht, daß sie damit den Grund und Boden des alten Weißenseer Gemeindevorstehers Rudolf Wegener wieder seinem eigentlichen Zweck zuführten. Sein Bauerngehöft lag zwischen der Berliner Allee, die damals die alte Dorfstraße war, und der Gartenstraße. Die Häuser Wegenerstraße 7/8 und Gartenstraße 30/34 wurden von der Gemeinnützigen Heimstättengesellschaft der Berliner Straßenbahn GmbH 1925 bis 1930 nach Plänen von Bruno Möhring und Hans Spitzner erbaut, in einem expressiven Stil, der dem Spaziergänger den Eintritt in einen modernen Wohnbereich signalisiert. Er gehört architektonisch zum originellsten, was die zwanziger Jahre zu bieten haben: Die Wohnbauten von Bruno Taut in der Gartenstraße, der Buschallee und der Trierer Straße.

Der Architekt Bruno Taut (1880 bis 1938) begann seine Arbeit als Stadtbaurat von Magdeburg und erregte schon 1912 mit seiner Gartenstadt »Reform« Aufsehen. Unter Verwendung traditionellen Baumaterials und durch zweckorientierte Formen erreichte er unter Einbeziehung der Landschaft eindrucksvolle Ensemblewirkungen. Die Wohnungen waren musterhaft geschnitten, entsprachen in jeder Hinsicht modernem Standard. Charakteristisch für die Fassadengestaltung war die Einbeziehung großer, gegeneinander abgesetzter Farbflächen. Ein Paradebeispiel dafür ist die Trierer Straße, deren Hauswände von dem bedeutenden Expressionisten Karl Schmidt-Rottluff koloriert wurden. Die Weißenseer nennen das Gebäude ironisch-anerkennend »Papageienhaus«. Leider hat man sich bei der Erneuerung der farbigen Bänder nicht an die ursprüngliche Farbabfolge gehalten. Gemeint sind die Häuser Trierer Straße 8/18, die Bruno Taut 1926 bis 1928 für die Gemeinnützige Heimstätten-Spar-und-Bau AG (Gehag) errichtete.

Für die Gehag entwarf Bruno Taut auch das Wohnensemble Gartenstraße/Buschallee (Südseite), zugehörig Sulzfelder Straße 2, 4 und 6 sowie Hansastraße 134 und 136. Auch die Nordseite der Buschallee folgt seinen Entwürfen, ausgenommen die Nr. 85/93. Die Anlage gehört zu den bedeutendsten Leistungen Bruno Tauts, und sie überzeugt auch heute noch durch ihre Geschlossenheit. Leider wurden auch hier Korrekturen vorgenommen, die ihre Wirkung beeinträchtigt. Auf Grund der Wohnungsnot entschloß man sich in den sechziger Jahren, die Dachgeschosse der Nordfront auszubauen. Dadurch verschoben sich wichtige Proportionen. Materialengpässe führten bei der Renovierung zu gravierenden Veränderungen, auf die ursprüngliche Farbgestaltung wurde weitgehend verzichtet. Nach dem Entwurf des Architekten hoben sich die Loggien ursprünglich in hellem Ocker vom Dunkel-

Berliner, Ecke Busch-Allee in den zwanziger Jahren

rot des Wohnblocks ab. Die Rückfronten waren graugrün geputzt, an den Stirnseiten waren rote und grau-grüne Flächen gegeneinander abgesetzt. Vielleicht bekommen wir das eines Tages auch wieder zu sehen!

Bei der Eloge auf Bruno Taut wollen wir den älteren Carl James Bühring nicht vergessen, dem Weißensee das Munizipalviertel verdankt und der auch hier Maßstäbe gesetzt hat. Zumindest hat er mit seinen Häusern Berliner Allee 178 und Buschallee 108/110 für die Nachfolgegeneration die Traufhöhe festgesetzt. Auch dem Papageienhaus in der Trierer Straße sind viergeschossige Bühring-Bauten, 1917 errichtet, eindrucksvoll vorgesetzt (Berliner Allee 196 und 198 sowie Trierer Straße Nr. 11/17), mit einer dreigeschossigen überbauten Durchgangsachse, die einen Vorder- und einen Hinterhof herstellt und Bruno Taut und seinen revolutionären Schmidt-Rottluff in den Hinterhof verweist.

Eine der wichtigsten Schöpfungen auf dem Gebiet des Gesundheitswesens war das nach Carl James Bührings Entwürfen 1911 in der damaligen Kniproder Straße (heute Hansastraße) errichtete Kinder- und Säuglingskrankenhaus, mit einem Musterkuhstall und einer Milchtrinkanstalt. Wir finden die Anlage, wenn wir die Buschallee überqueren und die Hansastraße Richtung Hohenschönhausen spazieren. Vor dem Musterkuhstall wehen heute die Fahnen einer Autofirma, aber weiter hinten erblicken wir die Bühring-Bauten des Krankenhauses, teilweise mit Fachwerk durchzogen, das sich gut mit den Parkbäumen verträgt, die das Haus gegen den Straßenlärm abschirmen und auch gegen lautstarke Beifallskundgebungen auf dem nahen Sportplatz »Stadion Buschallee«.
Die Straße erhielt ihren Namen 1915 nach dem damaligen Landrat des Kreises Niederbarnim, Dr. Felix Busch. Das Stadion wurde in den zwanziger Jahren gebaut; zu ihm gehören ein Hockeyplatz, Fußballplätze und Tennisanlagen. Wir lassen uns vom Flipp-Flopp der Tennisbälle nicht ablenken und treten ein in die amtlich garantierte Stille des innerstädtischen Naturschutzgebietes am Faulen See. Es wird durch die Suermondtstraße, die Industriebahn und das Sportstadion begrenzt. Den sechs Hektar großen See eingeschlossen, erreicht es eine Größe von ungefähr fünfundzwanzig Hektar. Diese Idylle inmitten eines großstädtischen Baugebietes konnte sich nur erhalten, weil der Faule See – früher Teufelsee – Jagd- und Angelrevier des Ritterguts Hohenschönhausen war. Zum Schutze des Wildbestandes begann man 1893 den Baumgürtel um den See zu erweitern. Die nordamerikanischen Bankskiefern entlang der Suermondtstraße stammen aus dieser Zeit. Nach dem Ersten Weltkrieg wurde das Gelände von der Gemeinde Hohenschönhausen erworben. Kurz darauf schloß man den See an das Gewässernetz der Panke an, dadurch sank der Wasserspiegel um mehr als einen Meter. Heute dient der See auch noch als Regenwasser-Rückhaltebecken. Dieses durch ein Betonrohr am Ostufer eingeführte Wasser ist mit Nährstoffen und Pestiziden verunreinigt, dadurch wird der

Das erste Säuglings- und Kinderkrankenhaus Preußens
wurde 1911 eröffnet

Sauerstoffgehalt des Seewassers ungünstig beeinflußt und die Verlandung beschleunigt.

Auf die aktuellen Probleme des Naturschutzgebietes werden wir am Ende unseres Spaziergangs zurückkommen. Jetzt umrunden wir den See, freuen uns über Naturbilder, die an Urwaldpartien erinnern: Umgestürzte alte Bäume, meist kanadische Pappeln, Grauweidengebüsch, Schilf, Teichrosen, braunes Moorwasser mit viel gefiedertem Volk. Im Teichröhricht dominieren Rohrkolben, die gelbe Wasserschwertlilie. Am Ostufer hat sich ein Schwarzerlenbusch gebildet, in dem der wilde Hopfen seine Schleier aufhängt, unterwuchert von bittersüßem Nachtschatten, Uferwolfstrapp, Gilbweiderich, Sumpfvergißmeinnicht und, seltener, der Sumpfblatterbse.

Das Naturschutzgebiet am Faulen See ist auch ein Zufluchtsort für die Vögel. Nach langjährigen Beobachtungen von Dr. Schnurre (siehe Komponistenviertel) setzt sich die

Vogelwelt des Reservates aus 40 ständigen und 25 gelegentlichen Brutvögeln zusammen. Zu den regelmäßigen Brutvögeln zählen Zwergtaucher, Wasserralle, Teichhuhn, Waldkauz, Kleinspecht, Teichrohrsänger, Waldlaubsänger und Nachtigall. Gelegentlich sind Zwergrohrdommel, Rohrweihe, Waldohreule, Schilfrohrsänger, Sumpfrohrsänger und Schwanzmeise bei der Brut beobachtet worden. Das Gebiet ist Winterquartier von Sperber, Waldkauz und Waldohreule, außerdem überwintern zahlreiche Finkenvögel.

Freundliche Naturschützer haben die wichtigsten Bäume mit Namenstafeln versehen, manche auch zum Naturdenkmal erklärt. Ich kann mir darum Fingerzeige ersparen. Damit wir trotzdem nicht vergessen, daß wir auf einem Naturlehrpfad wandeln, erlaube ich mir, zwei Sprüche zum besten zu geben, die ich von meinem alten Wanderkumpan Gerd Keilholz habe:

Es blühen vor dem Laubausbruch
die Erlen und die Haselnuß;
dies tuen auch noch gerne
die Pappeln, Ulmen und Ahörne!

Grünt die Eiche vor der Esche,
hält der Sommer große Wäsche.
Grünt die Esche vor der Eiche,
hält der Sommer eine Bleiche!

Nachdem der See umrundet ist, steht man anschließend etwas ratlos am Stadionausgang unter dem gelbgrünen Ortseingangsschild »Weißensee« und überlegt, was da faul ist am Faulen See. Ganz einfach: Sein eigener Seeboden besteht aus einer drei Meter dicken Schlammschicht, aus der Gase aufsteigen. Wird dieser Prozeß durch Zuführung von belasteten Abwässern beschleunigt, spricht man von Eutrophierung, anders gesagt: Der See stirbt. Dem entgegenzuwirken, braucht es koordinierte Maßnahmen der Verwaltung und Hilfe der Bevölkerung. Naturschutz vor Naherholung muß die Devise lauten, sonst gibt es in nicht allzu ferner Zeit überhaupt keine Naherholung am Faulen See.

Wir überqueren die Suermondtstraße, treten ein in den Villenbezirk Hohenschönhausen, balancieren auf der Weißenseer Nordgrenze, und ältere Alteingesessene erinnern sich an die grünen Bretterzäune, soll heißen, das war nach 45 Besatzungsgebiet. Dann kam die Staatssicherheit, und wir müssen uns hier darüber keine Gedanken machen, weil das alles zu Hohenschönhausen gehört. Trotzdem scheut sich kein Weißenseer Patriot bei seinen Spaziergängen, den Obersee zu umrunden, weil er auf seiner rechten Seite parkumrahmt ist, eindrucksvolle Plastiken vorzuweisen hat und linkerhand ein Mies-van-der-Rohe-Museum. Welcher See kann das schon; also spazieren wir ruhig da lang, auch wenn's nicht mehr zu Weißensee gehört. Desterwegen keine Feindschaft nicht, heißt es in einer Altberliner Posse.

Nun zum Orankesee, obwohl ihn die Gebietsreform vom 1. Januar 1986 zu Hohenschönhausen geschlagen hat. Was soll's, der Eingang liegt auf Weißenseer Territorium, die Weißenseer haben das Strandbad angelegt und das Eisbaden am ersten Sonntag des Neuen Jahres eingeführt. Der Weißenseer Pastor Giertz hat den Namen erforscht und auch glaubhafte Erklärungen gefunden in der »Historischen Beschreibung der Chur und Mark Brandenburg« von 1851.

Die Roderanke oder Roteranke hat ihren Ursprung im lutitzischen Rodranka, was soviel heißt wie rotbrauner See. Die Farbe kommt vom Raseneisenstein. Der große Nachbarsee war Balo, also weiß. Parallelbezeichnungen gibt es bei Zechlin. Der Orankesee ist mit 39.000 qm der drittgrößte der eiszeitlichen Seenkette. Vor ihm der Obersee mit 44.000 qm und der Weiße See mit 107.000 qm. Mit seiner Wasserqualität war es nach dem Kriege nicht zum besten bestellt; eine Zeitlang war er gesperrt. Dann wurde ein modernes Seebad gebaut, Sand aufgeschüttet. Dem See wird Grundwasser zugepumpt, seitdem ist seine Qualität gleichbleibend gut.

Dritter Spaziergang

Vom Pistoriusplatz durchs Munizipalviertel rund um den Weißen See

Eigentlich hieß er Pfister, das heißt althochdeutsch Bäcker; einem Zug der Zeit folgend, übersetzte er sich ins Lateinische und so kaufte 1821 ein Johann Heinrich Leberecht Pistorius vom Erben des Ortspatrons Hauptmann von Schenkendorf das Gut Weißensee. Schon auf dem Gymnasium hatte Leberecht sich von der Prima an dem Kaufmannsstande gewidmet und in »ernster Weise wissenschaftlich fortgebildet. Alsbald befliß er sich der Branntweinbrennerei, legte eine solche an und verbesserte sie. Auch erfand er den sogenannten Pistorius'schen Brennapparat. Zur Nutzung seines einträglichen Systems waren aber ausgedehnte Kartoffeläcker nötig...« Wenn wir dann hören, daß er noch als alter Zausel am frühen Morgen seine Feldarbeiter kontrollierte, wissen wir, der Mann hatte Erfolg; denn Kartoffelschnaps war für die Mietskasernenbewohner so nötig wie das tägliche Brot, für manche nötiger. Neun Tage vor seinem Tode stiftete der Gutsherr den Pistoriusfonds, »ein Kapital von 500 Talern mit der Maßgabe, daß die Zinsen desselben zu Gunsten Dorfarmer verwendet werden«. Anlaß genug also, den größten Platz und die längste Straße Weißensees nach dem Schnapsbrenner Pistorius zu benennen.

Das ist so ausführlich erörtert worden, weil auf den Pistorius'schen Gutsfeldern das zweite Weißenseer Gründerviertel entstand. Es erstreckte sich zwischen Weißenseer Spitze, Gustav-Adolf-Straße und Berliner Allee bis Höhe Gäbler-,

Amalien- und Albertinenstraße. Die Straßen tragen alle Namen damaliger Spekulanten, darauf kommen wir noch. Und natürlich wurden die Parzellen von den Bauherren so genutzt wie die im Französischen Viertel. Bis ein Bürgermeister, Dr. Carl Woelck, 1905 fragte: »Muß das so sein?« Sein Stadtbaurat Carl James Bühring sagte laut und deutlich nein und legte die Konzeption einer menschenfreundlichen Wohnstadt vor, zu verwirklichen im vereinigten Dorf Weißensee. Bühring kannte das Elend der Mietskasernen, ein Wohnhaus in der Roelckestraße hieß »das Graue Elend!« (siehe Seite 82). Er kannte auch die mehr oder weniger vornehmen Einzelhäuser mit Garten. Ob sie sich nun Villen nannten oder nicht: Sie waren keine Bausteine für die Stadt der Zukunft; das mußten Reihenhäuser sein, Massenwohnungen, aber mit Licht für ihre Bewohner, und das Grün durfte nicht nur von den Blumenkästen kommen. Die Landschaft mußte ein Teil der Architektur sein, so daß die Häuser ein Teil der Landschaft wurden. Kein Beton, Backstein aus märkischem Lehm, die Dachziegel aus Glindow. Und heiter sollte es sein und in Besitz zu nehmen ohne große Anstrengung. Die Wege zu den Geschäften mußten kurz sein und die Bücherei sollte dazugehören zu der Wohnstadt wie die Schule und der Turnsaal und die Festhalle. Und keine Abwässer durften die Luft verpesten, wie es in der Königschaussee gewesen war, bis vor kurzem. Also mußte ein Wasserwerk her!

Wenn Bühring mit Woelck über die Traumstadt sprach, die in seiner Hauptbuchhaltung als Munizipalviertel durchgerechnet wurde – ein Wort, das Bühring nicht mochte, er sprach von einem Gemeindeforum und hätte für Forum lieber ein deutsches Wort gehabt, aber deutschtümeln wollte er auch nicht – und sie tranken ein Glas Rotwein dabei, oder zwei, da bauten sie von den Parkanlagen des Weißen Sees eine fünfzig Meter breite Prachtstraße zum Orankesee, und Dr. Woelck schlug vor, jedem See einen Rosengarten beizugesellen, dem Weißen See einen weißen und dem Orankesee einen roten, damit die alten slawischen Namen zur

Geltung kämen. Spätestens hier erinnerte sie der Finanzbuchhalter daran, was so eine fünfzig Meter breite Prachtstraße kosten würde, und sie gingen vergnatzt nach Hause. Bühring, ein Mann mit Auslandserfahrung, der wußte, wie teuer Triumphbögen sein können, ließ sich aber nicht ausreden, den Eintritt in sein Gemeindeforum schon in der Königschaussee mit einem über die Straße gewölbten steinernen Bogen anzukündigen; was Königen und Fürsten vorbehalten blieb, wollte er für den gemeinen Mann!

Die Anekdote, der Landrat von Bernau, der für die Ordnung in Weißensee zuständig war, habe geäußert, der p.p. Bühring wolle für den deutschen Kaiser in Weißensee einen Geßlerhut errichten, dem er sich beugen solle, ist nicht verbürgt. Das Projekt wurde in der Tat aus Kostengründen gestrichen.

Der Einzug in das Gemeindeforum beginnt am Pistoriusplatz. Der war als Markt gedacht, mit hoher Zentralleuchte und einem Springbrunnen. Die Bauern aus der Umgebung sollten hier den Forumbewohnern ihre Waren anbieten und natürlich auch die Handwerker und Händler den Bauern. Weißensee war nach dem Zusammenschluß von Neu-Weißensee und dem Dorf Weißensee ein Ort mit 37.000 Einwohnern, allerdings ohne Stadtrecht. Der Markt wurde von der Bevölkerung angenommen, er florierte bis in die vierziger Jahre. Nach dem Krieg kam er trotz mehrfacher Versuche nicht recht in Schuß. Aus dem Springbrunnen wurde ein Blumenbeet, dann wurde auch das zubetoniert. Die größere Hälfte des Platzes verwandelte sich in eine Autoparkfläche. Ein Aufschwung für den Markt wäre wünschenswert.

Verlassen wir den Pistoriusplatz und steuern auf zwei Backsteinobelisken zu, die eine Art Eingangspforte bilden. Da haben wir links die Wohnbauten und rechts eine Gartenanlage mit einem Gedenkstein an den hingerichteten Antifaschisten Erich Boltze. An dieser Stelle stand die Stadthalle, mit einem Festsaal für tausend Personen und Räumen für Sport und Erholung. Sie fiel dem schweren Bombenangriff

Die im Krieg zerstörte Stadthalle von Carl James Bühring

am 13. Februar 1945 zum Opfer. Das heutige Freizeithaus ist ein verschont gebliebener Anbau.

Dann stehen wir am Kreuzpfuhl mit seinen alten Trauerweiden und der mächtigen kanadischen Pappel, sehen die Woelckpromenade sich im Wasser spiegeln, auch die Granitmauer, mit ihrem bogenförmigen Regeneinlauf, ein vom Architekten berechnetes Spiel mit der Natur. Genau gegenüber steht der eindrucksvolle Bau des Gymnasiums, auf gewinkeltem Grundriß, so daß die beiden spitzdachbewehrten vorgezogenen Giebelfronten wie zwei Wächter vor dem Pfuhl und den Wohnhäusern der Woelckpromenade wirken. Dieser Eindruck wird noch unterstrichen durch die Natursteinverblendung des unteren Teils, die im Zusammenklang mit der Straßenmauer und der steinernen Wandverkleidung am ersten Haus der Woelckpromenade gleichsam einen Sokkel für die ganze Gebäudeanlage bildet. Am Uferrand vor der Schule steht ein schöner Findling, auf dem Wasser gibt es allerhand Entengetier, viele Möwen, keine Schwäne. Bühring und seine Gartenarchitekten wären nie auf die Idee gekommen, Schwäne in einen Pfuhl zu sperren. Ein Schwan hat Majestät, ein Pfuhl hat Enge, beides verträgt sich nicht; also Kreuzpfuhl und nicht Schwanenteich!

Die Häuser der Woelckpromenade 1/7 haben sanft gerundete Loggien und zurückversetzte Balkone, die jeden Starkasteneffekt vermeiden. Dominierende Farben sind rot und weiß, und man muß sich in Erinnerung bringen, daß ursprünglich auch die Ziegelwände weiß verfugt waren. Schmuckelemente wurden sparsam verwendet; sie sind dem Jugendstil verpflichtet und stammen von Bührings Freund, dem Bildhauer Hans Schellhorn. In einigen Häusern gibt es noch schöne schmiedeeiserne Fahrstuhlverblendungen mit Pfauenmotiven. Hervorgehoben werden muß das Eckhaus zur Pistoriusstraße mit seinem zweistöckigen Laubenvorbau. Das Haus, in dem heute Dienststellen des Gesundheitswesens untergebracht sind, war ursprünglich ein Ledigenheim und sollte ein Beitrag sein »gegen das Schlafburschenunwesen«.

Die vertikale Gliederung der Häuser wird durch Pappeln unterstrichen, und deren Übergang von Numero 7 zur Gärtnerei Grille stellt eine alte Birke her, deren herabhängende Äste in den Kronen der Blutbuchen spielen. Wegen ihres Laubs gehörten sie einst zur Standardausstattung jeder Gärtnerei. Die von Grille hatte ihrer sieben; am Leben sind immerhin noch drei. Wenn wir von der Woelckpromenade zum Gymnasium schauen, erkennen wir auf dem Giebelrisalit, dem rechten der Wächter, zwei Menhire; eine spielerische Wiederholung der beiden Obelisken am Parkeingang. Bühring hatte auch bei der Gestaltung der Stadthalle mit ihnen eindrucksvoll gespielt. Die Luftmine leider auch.

Lassen wir die dunklen Gedanken. Im Gymnasium klingelt es zur Pause. Die Schüler strömen heraus, müssen nicht in einen Hof, sondern stürmen die Uferpromenade, sind zwei Minuten später in der Bäckerei am Pistoriusplatz, und gehen dann, schrippenkauend, ein paar Meter weiter zur Stadt-

Blick über den Kreuzpfuhl zur Woelckpromenade

bibliothek, einem Haus mit Laubenvorbau wie sein vis à vis, das Ledigenheim, und lassen Texte ablichten. Sie sind vor dem Klingeln zurück; denn sie haben kurze Wege, so wie es der Architekt vor fünfundachtzig Jahren gewünscht hatte.

Wenn es auch den Herren Dr. Carl Woelck und Carl James Bühring nicht gelang, eine Prachtstraße bis zum Orankesee zu bauen, eine Flanierstrecke von See zu See haben sie dennoch geschaffen. Sie beginnt mit dem Park am Kreuzpfuhl, seinen Weiden und mächtigen Pappeln, die in Amerika Baumwollbaum heißen und im Frühjahr Straßen und Hausflure weiß verschneien, sie setzt sich fort mit Ahorn und Eichen am Weg zum Goldfischteich.

Dabei begleitet uns freundliche Backsteinarchitektur; nicht mehr die des Herrn Bühring, sondern die des Herrn Joseph Tiedemann, der 1925/28 für Weißensee ein Holländerviertel ersann. Bühring hat seine Wohnvisionen frei gestaltet, Tiedemann lehnt sich eng an historische Vorbilder an, vor allem an das berühmte Holländische Viertel in Potsdam. Charakte-

Die weltliche Schule

ristisch für seine Bauweise sind die Giebelhäuser mit ihren stufenartigen Dachzinnen und barock eingefaßten Mittelfenstern. Wölbige Durchgänge führen in den Innenhof des Wohngeviertes. Der ist reich begrünt, durch Baumgruppen und Solitärpflanzungen gegliedert und hat an der Nordseite einen Spielplatz mit der Skulptur eines Holzpferdes.

Der Goldfischteich mit seinem Uferhang ist im Winter beliebtes Rodelgelände. Da er keinen Zufluß hat, leidet er, besonders seit der Errichtung des Neubaugebiets Hohenschönhausen, unter dem sinkenden Grundwasserspiegel; also kein Erholungsort für Goldfische. Wahrscheinlich wird er mit Fremdwasser gespeist werden müssen wie der Weiße See und der Orankesee.

Auch wenn wir diesen kleinen Park durchquert haben, berührt uns der Zusammenklang von grüner Natur und rotem Backstein. Das vor uns liegende Gebäude der 2. Grundschule, das uns durch seine lineare Strenge beeindruckt, und das danebenliegende Standesamt sind Klinkerbauten im Stil der Neuen Sachlichkeit. Sie wurden nach Plänen von Alfred Mettmann 1930/31 als Weltliche Schule errichtet; es war damals die modernste Schule Berlins. Weil Sozialdemokraten und Kommunisten gemeinsam für den Neubau gestimmt hatten, galt sie als sozialistische Schule. Neben den Klassenzimmern, die hell und freundlich gestaltet waren, gab es spezielle Räume für den Werkunterricht, gesondert eingerichtet für Holz- und Metallbearbeitung, sogar eine Schmiede. Über der Turnhalle war ein Dachgarten, der in der warmen Jahreszeit für Gymnastik und Zeichenstunden zur Verfügung stand. Die Aula war für Theater- und Filmaufführungen eingerichtet.

Erich Steffen, ein Musiklehrer, gründete den Berliner Mozart-Jugendchor, der viele Konzertreisen unternahm und auch im Rundfunk auftrat. Als die Nazis am 30. Januar 1933 an die Macht kamen, protestierten die Schüler mit einem Streik. Bald darauf wurde ihr Direktor Rudolf Zwölfer verhaftet und ins KZ gesperrt.

Ehe wir uns einem der Wege zum See anvertrauen, wollen wir der Parkstraße noch eine Visite abstatten. Ihre rechte Seite wird beherrscht von den Anlagen der Gärtnerei Adolf Grille und Söhne, die mit ihren Betriebsteilen in Weißensee und Heinersdorf Europas größte und modernste Gärtnerei war. 1953 wurde der Betrieb enteignet und in den volkseigenen Gartenbau Berlin überführt. Nach der Wende erhielten die Enkel die Gärtnerei zurück. Im Haus Parkstraße 94, das ursprünglich zur Gärtnerei gehörte, wohnte Professor Dr. Jürgen Kuczinsky (1904–1997), ein bedeutender Wirtschaftshistoriker und streitbarer Schriftsteller. Auch wenn es keine Gedenktafel für ihn gibt, so hat er doch im Merkbuch der Naturschützer einen Punkt, weil vor seinem Haus ein Tulpenbaum steht. Das Grab befindet sich auf dem Dorotheenstädtischen Friedhof in der Chausseestraße.

Auf der anderen Straßenseite können wir mit dem Jugendklub »Bunte Kuh«, der früher die beliebte Kneipe »Hackebusch« beherbergte, einen heiteren Akzent setzen und gleich daneben einen ganz bitteren: Die Nummer 22 gehörte der Jüdischen Gemeinde und beherbergte eine Taubstummenanstalt. Eine Gedenktafel erinnert daran, daß 1942 aus diesem Haus 145 jüdische Bürger von der Gestapo verschleppt und ermordet wurden. Heute ist das Haus ein Heim für Behinderte und gehört zur Stephanus-Stiftung. Deren Haupteingang liegt zwar in der Albertinenstraße, trotzdem sei mir erlaubt, schon jetzt von ihr zu erzählen.

Da ist von Pfarrer Ernst Berendt zu sprechen, dem Gründer der Stiftung und von seinem Sohn, der die Fürsorgearbeit fortsetzte und das mutige Bekenntnis zu seinem Glauben mit dem Leben bezahlte. Der Vater hatte als Anstaltspfarrer im Frauengefängnis in der Barnimstraße erfahren müssen, daß die Gesellschaft Straffälligen die Rückkehr ins normale Leben so gut wie unmöglich machte. Das galt besonders für Frauen. Darum mietete er in Weißensee ein Haus und sagte den Frauen und Mädchen im Gefängnis: Wer neu anfangen will und er weiß nicht wohin, der komme nach Weißensee. Und sie kamen.

Als seine Mittel nicht reichten, gründete er eine Stiftung und nannte sie Bethabara, was heißen sollte: Haus der Hoffnung; denn von einem Berg des Abarim-Gebirges hatte Moses einst das Gelobte Land erblickt. Der zweite Name der Stiftung, Beth-Elim, heißt soviel wie Haus des Brotes. Mit beiden Namen waren die Aufgaben der Stiftung benannt: Den aus der Bahn Geworfenen Brot und Hoffnung zu geben. Das galt vor allem für ledige Mütter. Eine Entbindungsanstalt wurde gegründet, ein Heim für schwer erziehbare Mädchen, ein Krankenhaus für Geschlechtskranke und ein Heim für psychisch Kranke. Die Anstalt wurde populär, Bethabara erscheint auf einer Zille-Zeichnung und auch in den »Hurengesprächen« unterhalten sich die Mädchen über das Heim in Weißensee.

Nach dem Tode des Vaters im Jahre 1919 übernahm Ernst Berendt jun. die Leitung der Stiftung. Mit dem Machtantritt

Glockenstuhl in der Stephanus-Stiftung

der Nazis kamen schwere Prüfungen auf den Pfarrer zu. Als Mitglied der Bekennenden Kirche widersetzte er sich der Gleichschaltung und wurde wegen seiner Predigten mehrmals verhaftet. Er blieb unbeugsam, hielt Bittgottesdienste für den verhafteten Pastor Niemöller, wandte sich gegen den Mißbrauch christlicher Werte durch die Nazis und distanzierte sich von dem durch die Regierung eingesetzten »Reichsbischof« Müller. Die Kirchenleitung sah sich gezwungen, den streitbaren Pfarrer nach Baden-Baden zu versetzen. Der Name der Stiftung mußte geändert werden, da jüdische Namen nicht mehr zulässig waren. Sie wurde 1941 nach dem konservativen Hofprediger Adolf Stoecker benannt. Ernst Berendt jun. vertrat auch in Baden-Baden mutig seine Überzeugung, setzte sich für verfolgte Juden ein und wurde am vierten Advent 1940 in der Sakristei seiner Kirche verhaftet. Diesmal gab es keinen Weg zurück. Pfarrer Ernst Berendt starb am 4. August 1942 im KZ Dachau.

Nach dem Krieg wurde auf Anregung der Sowjetischen Militäradministration die Evangelische Akademie eingerichtet, in der auch zu Zeiten des Kalten Krieges wichtige kulturpolitische Gespräche zwischen Ost und West stattfanden, u.a. auch Lesungen mit Heinrich Böll und Hans Magnus Enzensberger. Heute betreut die Stephanus-Stiftung in Berlin und Brandenburg über zwanzig Einrichtungen. Auch hier eine Marginalie. 1922 wurde in Weißensee Joachim Ernst Berendt geboren. 1953 veröffentlichte er »Das Jazzbuch« und brachte damit den Deutschen eine verbotene Musik nahe, die viele junge Leute als Offenbarung empfanden. »Das Jazzbuch« wurde zu einem Kultbuch. Sein Verfasser ist der Sohn des in Dachau ermordeten Pfarrers Ernst Berendt.

Wandern wir die Parkstraße in entgegengesetzter Richtung, können wir linkerhand ein Baumonster recht neuen Datums bestaunen, im Stil undurchsichtig wie im Besitzstand, mit viel poliertem Granit, Respekt einflößend zu recht einstmals; denn es war bis zur Wende Hauptquartier jenes Vereins, der Kommerzielle Koordinierung hieß, abgekürzt Koko.

Mit Namen kann aus begreiflichen Gründen nicht gedient werden.

Wenn wir bei der Feuerwache angelangt sind, sehen wir vor uns das Gerichtsgebäude, ein Bauwerk im Stil der Neorenaissance, dessen Turm mit den schiefen Fenstern auffallend an den Rathausturm in Gera erinnert. Das Gebäude wird wegen seiner pittoresken Bauweise gern für Filmaufnahmen benutzt. Es wurde 1902/06 nach Entwürfen von Paul Thoemer und Rudolf Mönnich erbaut.

Architektonisch origineller sind die Wohnhäuser Parkstraße 62/63 und 64/65. Immer zwei zu zwei stellen sie sich selbstbewußt dem Schloßpark gegenüber, mit Aufmerksamkeit heischendem übergiebeltem Ausbau. Vergessen wir nicht: Die Parkstraße war die Westgrenze des Schloßparks, und die Häuser wurden 1875/80 von kleinen Gewerbetreibenden gebaut.

Was da einst Schloß genannt wurde, ist das vom Landesökonomierat Dr. Friedrich Wilhelm Lüdersdorff 1859 erbaute repräsentative Gutshaus, für das er auch einen Park anlegen ließ. Er hatte das Gut von seinem Onkel Leberecht Pistorius gekauft, dem Schnapsbrenner. Damit ist die Zeit gekommen, ein paar Worte zum Gut Weißensee zu sagen. Weil das nicht im Stehen geschehen sollte, wandern wir von der Großen-See-Straße aus hinab zum See und setzen uns ins Milchhäuschen, in dem es Gottseidank nicht nur Milch gibt; bestellen bei einer freundlichen Najade, worauf wir Gusto haben. Dann lassen wir uns die Weißenseer Gutsgeschichte servieren.

Die beginnt mit der Feststellung, daß Weißensee von 1242 bis 1486 ein markgräfliches Dorf ohne Rittergut war. 1486 kauft der Gewandschneider Thomas Blankenfelde einen Hof in der Großen-See-Straße, also gleich nebenan, und erwirbt das Schulzenamt. Sein Sohn Wilke erbt diesen Hof samt Schulzenhof, und schon wird daraus ein Rittersitz mit Rittergut! Da er vier Söhne hat, erhält jeder ein Viertel Rittergut. So geht das weiter durch die Jahrhunderte: 1712 bis 1735 ist

Schloß Weißensee zu Beginn des Jahrhunderts

der Gutsherr auf Weißensee ein Marschall von Biberstein, der auch im Böhmischen Besitzungen hat, ihm folgt die Gräfin von Schlippenbach, die Vorfahrin eines wunderbaren Jazzpianisten. Das Gut ist längst in Sechstel geteilt, da gelingt es einem Rittmeister von der Lieppen, über die Frau von Schlippenbach alle sechs Sechstel an sich zu bringen; so wird er 1737 Besitzer eines wiedervereinigten Ritterguts. Was er für Qualitäten hatte, wissen wir nicht, jedenfalls hat er keiner Straße seinen Namen vermacht. Das ändert sich erst mit Karl Gottlob Nüßler, einer schillernden Figur, die von Friedrich Bülau in sein Buch »Geheime Geschichten und rätselhafte Menschen« aufgenommen wurde (1863 bei Brockhaus, Leipzig). Er sei der Nachkomme eines in der Schlacht am Weißen Berge umgekommenen böhmischen Adligen. Der Sohn, heißt es, floh in die Oberlausitz und verwandelte seinen böhmischen Namen Louskacek – was soviel heißt wie Nußknacker – in Nüßler. Ihm verdanken wir die Nüßlerstraße. Pistorius hatten wir schon, das war 1812 bis 1858, bei Lüdersdorff sind wir gerade; nach ihm hieß bis 1890 ein Teil der Parkstraße. Dann kommt der Hamburger Großkaufmann Gustav Adolf Schön, er kriegt gleich zwei Straßen (also nicht nach dem Schwedenkönig) die Gustav-Adolf-Straße und die Schönstraße. Mit ihm endet die Geschichte des Weißenseer Rittergutes; er verkauft es parzelliert, also stückweise, und 1890 wird er aus der Rittergutsmatrik gelöscht. Ja, so warn's, die alten Rittersleut! Aus dem ehemaligen Gut wurde Neu-Weißensee, daneben gab es noch das alte Dorf Weißensee, bis zum Zusammenschluß 1905.

Das Milchhäuschen, in dem wir sitzen, war einst ein Holzbau mit neckischen Türmchen. Anfang der sechziger Jahre wurde es abgerissen, seit 1967 steht hier das Betonhäuschen mit der gläsernen Vollsichtkanzel, hinter der zu sitzen sich zu jeder Jahreszeit lohnt, besonders an ruhigen November- und Januartagen, wenn die Enten ihre Dreiecke in den See zeichnen, die Möwen unruhig durcheinanderschwärmen, weil sie sich zwischen See und Mülldeponie nicht entscheiden können und über ihnen die Nebelkrähen ziellos kreisen, obwohl sie genau wissen, in welchen Wipfeln sie übernachten werden.

Bleiben wir eine Weile im Milchhäuschen, denn wir müssen uns noch mit dem Schloß beschäftigen, und davon gibt es wenig zu sehen, aber viel zu erzählen. Es wurde 1877 von einem Mann namens Rudolf Sternecker gekauft, der vom Geist der Gründerjahre besessen war. Er verwandelte das Lüdersdorff'sche Gutshaus in das »Größte Etablissement Berlins, das Welt-Restaurant Schloß Weißensee«. Betrachtet man einen der zeitgenössischen Stiche, gewinnt man den Eindruck, das Etablissement liege am Mississippi. Eine bebaute Insel, umgeben von weiter Wasserfläche, auf der zwei Dampfboote fahren und ein Segelschiff, eine weit ins Wasser ragende Holzbrücke mit einem zweistöckigen Seetheater, ein Riesenrad, in einem Park mehr als zwanzig Gebäude, meist mit Kuppeldächern und Türmchen, viele beflaggt, im Vordergrund ein Hippodrom, eine Eingangskasse mit vier Türmen, daneben eine chinesische Pagode mit der Aufschrift »Bal champêtre«, also ein ländliches Ballhaus. Das Schloß aufgemotzt und mit Fahnen geschmückt wie die Militärakademie in Westpoint – und davor drei Straßenbahnwagen auf einer Schienenschleife.

Sternecker vermarktete Schloß, Park und See in echter Gründermanier, rücksichtslos, gegen allen guten Geschmack, aber er gab den Leuten das, was sie brauchten: billiges Vergnügen. Weißensee war eine Vorwegnahme von Disneyland. Wer Geld hatte, ritt mit eigenem Pferd im Tiergarten aus, wer keins hatte, bestieg einen Gaul im Hippodrom. Sternecker hatte in der Hasenheide Erfahrungen gesammelt mit amerikanischen Riesenrutschbahnen und Riesen-Kunstfeuerwerken. Seinen Weißenseer Vergnügungspark eröffnete er im Jahre 1884. Dazu gehörte das Schloß mit seinen Festsälen; das Ballhaus bot zweieinhalbtausend Tänzern Platz. Die neue Straßenbahn karrte die Besucher in Massen heran. Bierausschank, Schieß- und Spielbuden, photographische Ateliers, das gab es auch woanders; aber bei Sternecker führte der Tauchermeister Cook seine Unterwasserkünste vor, Boyton seine Schwimmkünste, lief der Seiltänzer Blondin, der den Niagarafall überquert hatte, über den Weißen See. Das Karussel bot siebzig Personen Platz, die Musikhalle wurde mit »Monstre-Concerten« gefüllt. Vierzig Gondeln standen für die Ruderer zur Verfügung. Abends gab es Feuerwerk. Den größten Eindruck beim Publikum hinterließ die »schwedische Rutschbahn«, die ihre Benutzer wellenförmig und mit Schwung in die Tiefe beförderte.

In einem zeitgenössischen Bericht heißt es: *An Sonn- und Feiertagen ist die schwedische Rutschbahn von morgens an bis in die späte Nacht hinein in ununterbrochener Benutzung, denn die Berliner geben sich vornehmlich abends bei elektrischer Beleuchtung mit großer Begeisterung diesem Vergnügen hin, von dem*

Sterneckers Weltetablissement – ein Disneyland von einst

manche Damen derartig entzückt sind, daß sie wohl eine Stunde oder gar noch länger ununterbrochen hin- und herrutschen, bis der begleitende Vater, Bruder oder Bräutigam mit kläglicher Miene eingestehen muß, daß der bedenklich schmäler gewordene Geldbeutel – jede Fahrt kostet per Person zehn Pfennig – zu schleunigem Einhalten mahnt.

Da der Getränkeumsatz einen Großteil der Einnahmen ausmachte, richtete Sternecker an Ort und Stelle eine Brauerei ein. Doch nach der Konjunktur kam der Gründerkrach, auch das Sternecker-Etablissement verlor an Anziehungskraft, 1896 heißt es in einem Zeitungsbericht: *Das Schloß-Restaurant Weißensee, das vor wenigen Jahren in Blüte stand, hat viel von seinen Reizen eingebüßt, da die Ortspolizei dem Treffen der Halbwelt scharf aufpaßt. Das Unternehmen ist sehr zurückgegangen, die Baulichkeiten sind stark in Verfall.* An der sittenstrengen Polizei dürfte der Verfall kaum gelegen haben.

1919 kampierten Soldaten im Schloß, ein Strohfeuer entstand, das Gebäude brannte aus, und man mußte es abreißen. Was von den Anlagen noch erhalten ist, davon werden wir beim Spaziergang sprechen.

Gehen wir in Uhrzeigerrichtung weiter, kommen wir zur

Seeterrasse, mit zwei Skulpturen aus Muschelkalk, die Hans Schellhorn 1912 geschaffen hat. Hier können Kinder Karpfen füttern und ihrem Spiel zusehen, das Wasser ist klar. Auf der andern Wegseite befindet sich die Kinderplansche, die ebenfalls 1912 fertiggestellt wurde. Die Tierplastiken schuf Willy Ernst Schade um 1920. Daneben ist das Wildgehege, in dem der von den Kindern geliebte Hirsch Heinrich lebte, dem Fred Rodrian und Werner Klemke mit dem gleichnamigen Kinderbuch zu Weltruhm verhalfen.

Der kleine Bronzearbeiter mit den hochgekrempelten Ärmeln, der etwas hilflos unter den riesigen Bäumen steht, zeigt ein Dilemma: Die Bäume wachsen weiter, die Plastik nicht. Das Kulturamt, das die Neugestaltung des Weißenseer Parks plant, wird den Umstand sicher berücksichtigen. Es wird eine Menge zu bedenken sein. Der Park hat immerhin eine Größe von 26,3 Hektar, davon sind 10,7 Hektar Wasser. Daß wir uns diese Gedanken bei einem Spaziergang um den See machen können, verdanken wir Dr. Carl Woelck, dem ersten Bürgermeister nach der Vereinigung von Neu-Weißensee und Dorf. Für drei Millionen Mark kaufte er den Gutspark – den Sternecker Trianon-Park getauft hatte nach einem Lustschloß in Versailles und natürlich auch mit einem Zaun versah, schließlich brauchte er die Eintrittsgelder. Der Trianon-Park wurde freigegeben, die Uferpromenade angelegt. Die Badeanstalt gab es schon seit 1880, auch sie wurde modernisiert. Die Freilichtbühne wurde 1956 geschaffen, der Durchgang zur Seestraße 1974.

Das Gelände, ein sanfter Südhang, ist einer der ältesten Berliner Weinberge. Um Devisen zu sparen, hatte der Kurfürst 1553 in einem Erlaß verfügt, *daß die Bürger auf den Bergen zum Besten der Stadt Wein anbauen sollen.* Wer mutwillig Weinstöcke beschädigte, dem wurde zur Strafe die Hand abgehackt. Die Weine hatten anspruchsvolle Namen wie Schönedel oder Schillernder Traminer. Der Satiriker Adolf Glaßbrenner charakterisierte sie weniger schmeichelhaft: *Fahnenwein; wenn man een eenzijes Achtel über die Fahne gießt, zieht sich det janze Rejiment zusammen. Kriminalwein; nach Jenuß dieser moralischen Sorte jestehen sämtliche Verbrecher.*

In Theodor Fontanes Roman »Der Stechlin« wird erzählt, die stille Wasserfläche des Sees werde unruhig und ein Wasserstrahl springe aus ihr heraus, wenn draußen in der Welt schlimme Dinge vorgehen. Was heißen soll: Wir sind Teil eines großen Ganzen, wenn die Welt erbebt, ist auch das traute Heim in Gefahr.

Aus dem Weißen See sprudelt vom Frühjahr bis zum Herbst eine Fontäne, seit 1968, es sieht hübsch aus, und die Bootsfahrer lassen sich an Sommertagen gern von einer Windböe besprühen. Trotzdem ist die Fontäne ein Menetekel mit derselben Botschaft wie der Wasserstrahl im Stechlin. Alarm, es geht Schlimmes vor in der Welt, die Natur geht kaputt! Der See hat nicht mehr genug Sauerstoff, er kann sich selbst nicht regenerieren, wir machen das für ihn mit hohem Energieaufwand, und um die Energie zu erzeugen, brauchen wir ... Es ist ein Teufelskreis, und wenn wir ihn nicht durchbrechen, steigt eines Tages der rote Hahn aus dem Weißen See. Ja, Fontane war ein Grüner, er hörte das Gras wachsen und konnte Gift mit der Apothekerwaage auswiegen!

Nach diesem literarischen Ausflug wird es Zeit, einen Blick auf die Uhr zu werfen. Darf es eine Sonnenuhr sein? Bitte, gegenüber der Badeanstalt haben wir eine Blumenuhr, die fleißige Gärtner jedes Jahr erneuern und die genauer geht als jede Quartzuhr. Weil wir gut in der Zeit liegen, ertragen wir gelassen die vom Bezirksamt auf amtlichen Tafeln festgeschriebenen Daten über den Weißen See: Er liegt in einem durch Toteis entstandenen Becken der Barnimhochfläche, ist etwa 10.000 Jahre alt, hat keinen natürlichen Zu- und Abfluß, ist ein intensiv genutztes Standgewässer, erhält seinen Zufluß durch Niederschläge, Sicker- und Grundwasser, seit 1977 aus der künstlichen Einspeisung von Grundwasser. Länge 350 m, Breite 305 m, Wasserspiegelhöhe 41 m über NN, größte Tiefe 10 m. Inhalt: 350.000 m^3, Uferlänge 1.075 m. Zirka 60.000 Badegäste im Jahr, Spitzenbelastung 2.000 pro Tag,

Rudersee, Angelgewässer (Karpfen). Zu seiner Pflege ist eine Grundwassereinspeisung von 100.000 m^3 Grundwasser pro Jahr nötig, dazu Sauerstoff durch Fontäne und Belüftungsanlage. Seewasser wird auch zur Straßenreinigung entnommen.

Schon gemerkt? Die amtliche Information enthält dieselbe alarmierende Botschaft wie Fontanes roter Hahn; vielleicht ist das ein hoffnungsvolles Zeichen. Darauf nehmen wir im Café »Seeblick« einen Dujardin.

Was fehlt noch? Ach ja, der Weiße See in der Literatur. Da fangen wir an mit Anna Luise Karsch, geboren 1722 in Schwiebus, von Beruf Kuhhirtin, dann mit dem Tuchmacher Hirsekorn verheiratet, nach unglücklicher Ehe geschieden. Es war die erste Ehescheidung in Preußen! Danach heiratet sie den Schneider Karsch, einen Quartalstrinker, und muß sich ihren Unterhalt mit »Auftragsgedichten« verdienen. Für den Baron Kottwitz macht sie unter Aufsicht in einer halben Stunde ein Gedicht, erhält dafür was zum Anziehn und eine Tabaksdose mit ein paar Goldstücken. Dem alten Fritz wird sie vorgestellt mit zwei ins Französische übersetzten Gedichten. Sie bekommt zwei Taler – die sie mit einem Begleitschreiben zurückschickt:

Zwei Taler gibt kein großer König,
ein solch Geschenk vergrößert nicht mein Glück,
Nein, es erniedrigt mich ein wenig,
drum geb ich es zurück.

Zehn Jahre später schickt ihr der König drei Taler; die nimmt sie. Das ist alles sehr schön, das Gedicht über Weißensee ist weniger schön. Es ist ein vielstrophiges Huldigungsgedicht für den Fürsten Petrowitsch, als Zar Paul I., der auf Brautschau nach Berlin fährt und sich in Weißensee ein bißchen frisch macht. Denken wir daran, was der Großdichter Goethe in Karlsbad, Teplitz und anderswo für Huldigungsgedichte verbrochen hat und verzeihen wir der Karschin, die unter einer Ehrenpforte rezitierte:

Notwendiger Zauber unserer Tage: die Fontäne im Weißen See

Gegenden um Weißensee,
Ihr Najaden in der Spree,
Seid gefühlvoll, seid entzückt,
Weil euch Petrowitsch erblickt.
  Ihr Dryaden, tanzt um ihn,
  Eh das prächtige Berlin
  Donnerjubelnd ihn empfängt
  Und sein Blick an Friedrich hängt.
  u.s.w.

Schließen wir das Kapitel Weißensee in der Dichtung vorläufig ab und gedenken noch der patriotischen, wenn auch komischen Verse von Herrn Willi Heiden-Heinrich, einst Direktor der Stadthalle, der Fest- und Vergnügungsstätte der Weißenseer; aufbewahrt werden sie auf der Speisekarte des Milchhäuschens.

Wie lieb ich dich, mein Weißensee!
Wie lieb ich dich, mein Weißensee,
Ob Sonnenglut, ob Eis und Schnee;
genau wie unser Vater Rhein,
so sollst auch du besungen sein.
Berlin hat seine alte Spree
und du hast deinen Weißen See.
Drum laßt uns singen, laßt laut es klingen:
Wie lieb ich dich, mein Weißensee!

(Bei entsprechender Begeisterung kann der Text auch gesungen werden.)

Am Ruderbootstand liegen nicht mehr vierzig Gondeln wie zu Sterneckers Zeiten, als Deutschlands Zukunft auf dem Wasser lag. Sicher wird die Flottille demnächst um einige Tretboote erweitert, aber das Schilf ist verschwunden und wird auch nicht so schnell nachwachsen.

Unter dem Parkbaum mit dem größten Umfang, einer alten amerikanischen Pappel, steht ein germanischer Thing-

Der Panther im Kleinen Park

Tisch aus Stein, Parkmöbel der Zukunft. Warum? Die Antwort weiß der nackte Athlet aus Muschelkalk offenkundig auch nicht. Verlegen kratzt er sich mit der linken Hand hinterm Kopf herum die rechte Schulter. Der Bildhauer Schellhorn, der ihn hingepflanzt hat, wußte übrigens, daß Bäume wachsen. Seit der Aufstellung seines nackten Denkers sind achtzig Jahre vergangen, und die Bäume sind für ihn ein angemessener Baldachin.

Natürlich kann nicht alles vorausschauend berechnet werden. Am Ende des Parks, da, wo die Albertinenstraße sanft in die Amalienstraße übergeht, erstreckt sich eine Wiese, die von einer Weibsfigur mit Schilfgürtel anmutig abgeschlossen wird. *Mißtraut den Grünflächen*, rät Heinz Knobloch und hat wieder mal recht. Die Parkgestalter hatten an der Stelle keine Wiese vorgesehen, sondern Baugrund; der Unternehmer Stahl hatte dort seine Villa gebaut, die auch die weiße hieß. Genau auf diese Villa hatte es in der Bombennacht zum 13. Februar 1945 eine Luftmine abgesehen. Das Haus wurde pulverisiert, die Organisation Todt schippte den Krater zu, und nach Kriegsende säten Aufbauhelfer Rasen aus. Weil sie ihn auch fleißig sprengten, wächst er noch heute und erfreut die Plastik von Walter Arnold mit seinem Grün.

Ein anderer Bildhauer begnügt sich nicht mit einer Schilfecke, er will einen Garten und bekommt ihn auch, gegen die Straße abgeschirmt mit Eibendickicht, flankiert von einem Baumhasel, streng gewinkelt wie der Jardin des Plantes in Paris. Dorthin stellt er seinen Panther. Ihn umgeben keine Stäbe und sein Blick ist nicht müd geworden, er schaut gleichmütig auf die Besucher, sie kratzen ihn nicht. Wir verdanken die bronzene Katze dem Bildhauer Heinrich Drake, und sie ist so schön, daß wir die Putten von Schellhorn unter der amerikanischen Eiche glatt links liegen lassen.

Damit nehmen wir Abschied vom Weißen See und dem Milchhäuschen, lassen uns von seiner kräuselhaarigen Najade zuflüstern, daß in Rittergutszeiten hier tatsächlich Milch aus der naheliegenden Meierei ausgeschenkt wurde und Familien Kaffee kochen konnten. Schön war die Zeit, kann man da nur sagen, und froh sein, daß sie vorbei ist; denn nun kann man in Ruhe Rotwein trinken und Ingeborg Bachmann lesen:

Wenn hinter dir die Möwe stürzt und schreit,
kommt aus dem Westen der Befehl zu sinken;
doch offnen Augs wirst du im Licht ertrinken;
wenn hinter dir die Möwe stürzt und schreit.

Hinter der gläsernen Wand vor dem Weißen See ist ein guter Ort für Gedichte. Übrigens, wenn der Klabautermann am Telefon gefragt wurde, wo er zu Hause ist, dann sagte er: »Am Weißenseer See!«

Vierter Spaziergang

Von der Spitze über die Rennbahn geradewegs nach Klein-Hollywood

Die Spitze stellt sich her durch das Zusammentreffen dreier Straßen: Der Prenzlauer Promenade, der Heinersdorfer und der Gustav-Adolf-Straße. Kurz vorher münden auch noch die Wisbyer und die Ostseestraße. Die Wisbyer bringt die Straßenbahnen 13, 23 und 24 ins Spiel, die andere ist Abfahrtplatz für den Omnibus 158 nach Buch, mit mehreren Betriebshaltestellen; ein Bus wartet immer auf Sie! Von der Prenzlauer Allee her kommt die Straßenbahn 1. Man merkt: die Spitze ist ein Verkehrsknotenpunkt. Die Prenzlauer Promenade bildet die Grenze zu den Bezirken Pankow und Prenzlauer Berg; nach Weißensee bricht man vom Westen her ein in den alten Gutsbezirk, das Gründerviertel Numero zwei. Da sich die Namen der Gründer weit über hundert Jahre als Straßennamen erhalten haben, wollen wir die Herrn einmal vorstellen.

Das sind zunächst die beiden Brüder Langhans. Der eine Makler, der andere Jurist, ergaben sie ein gutes Gespann. Sie kamen aus Hamburg und recherchierten im Auftrag des Handelshauses »A.J. Schön und Co.«, das besondere Verbindungen zu Westindien hatte. Dort war Gustav Adolf Schön geboren, der zweite Sohn, der als erster begriffen hatte, daß man auch im Vaterland reich werden konnte. Während des deutsch-französischen Krieges war er als Besatzungsoffizier für die Zivilversorgung der Departements Loire und Cher verantwortlich. Auch Johann Eduard Langhans war als Versorgungsoffizier in Frankreich tätig. Beide bekamen 1871 für ihre Verdienste das Eiserne Kreuz, obwohl keiner von ihnen je eine Kugel hatte pfeifen hören.

In Weißensee legten die beiden im Auftrag Schöns im Café Rettig 700.000 Taler bar auf vier Tische, nicht in Gold, in Kassenscheinen versteht sich. Schön ernannte Langhans zum General-Bevollmächtigten. Über die Qualität der Gründerwohnungen ist im Zusammenhang mit dem Komponistenviertel gesprochen worden, und natürlich gab es Kritik am Spekulantentum. Das brachte Schön und Langhans auf die Idee, Kleingrundstücke für Kleinsiedler zu verkaufen. Sie ließen das Gebiet zwischen Prenzlauer Promenade, Gustav-Adolf-Straße und der Straße Am Steinberg entsprechend parzellieren und gründeten die Kolonie Neu-Berlin. Die zentrale Straße taufte der General-Bevollmächtigte Langhans gutgelaunt Generalstraße. Heute heißt sie Jacobsohnstraße.

Gedacht werden muß noch des Handelsgärtners Hermann Roelcke aus Charlottenburg, der nach dem gewonnenen Krieg 1870/71 seine Gärtnerei verkaufte, mit dem Erlös spekulierte und schon ein Jahr später als gemachter Mann galt.

Aber so wie es die Auswanderer nach Klondike zog, so zog es Hermann Roelcke nach Weißensee. Mit einem Bauerngut von 90 Morgen fing er an, dann kaufte er von Schön 600 Morgen, ließ sie parzellieren, legte Straßen an, baute Ziegeleien. Auf den Geschmack gekommen, erwarb er neues Terrain – und blieb bei dem Börsenkrach von 1875 darauf sitzen. Roelcke verlor durch die Weißenseer Spekulation sein ganzes Vermögen und starb 1896 in geistiger Umnachtung. Er soll in seinen letzten Tagen Baumblätter von der Straße gesammelt und gezählt haben, in der Annahme, es seien Geldscheine. Immerhin verdanken wir ihm die Roelckestraße und die Charlottenburger Straße.

Kleinhäuser auf Kleinparzellen finden sich heute noch in der Gustav-Adolf-Straße, der Jacobsohnstraße und der Charlottenburger Straße. Ein besonders tristes Exemplar, das Graue Elend in der Roelckestraße, ist abgerissen worden. Es befand sich auf dem Gelände der Steinmetzerei südlich der Pistoriusstraße Ecke Roelckestraße.

Nach diesem notwendigen Vorspruch loben wir erst die Brotfabrik, auch Geyerwally genannt, eine ehemalige Großbäckerei, gleich hinter der Riesenkastanie an der Spitze.

Junge Leute haben daraus ein multikulturelles Zentrum gemacht (schreckliches Wort), in dem es Film gibt und Jazz und Literatur, und was sonst noch dazu gehört, zu zivilen Preisen.

Gar nicht loben können wir die Leute, die für das ehemalige Spitzen-Kino »Delphi« verantwortlich sind. Als Kino war es wohl nicht zu halten – aber mußte man ein Briefmarken-Zentrum daraus machen? Jetzt hat es das Zeitliche gesegnet und vielleicht erinnert sich jemand daran, daß hinter den Mauern ein großer Kinosaal liegt, mit vorgebautem ersten Rang und Bühne. Es gibt ein Kleines Theater am Südwestkorso; warum soll es nicht auch ein Kleines Theater an der Spitze geben?

Schlendern wir die Gustav-Adolf-Straße entlang, benannt nach Gründerchef Gustav Adolf Schön, sehen wir bald linkerhand einige seiner Kleinhäuser, weit zurückversetzt in die Gärten. Die Fassaden der Mietshäuser aus der Gründerzeit sind in den achtziger Jahren renoviert worden und sehen respektabel aus. Auch die Wohnungen wurden rekonstruiert. Wenn nur die Seitenflügel und Quergebäude nicht wären! Trotzdem: Im Prenzlauer Berg ist es schlimmer. Die Charlottenburger Straße erinnert an den gescheiterten Glücksritter Hermann Roelcke, in ihr gibt es Firmen, die mehr Glück hatten, so den Essig- und Senffabrikanten Biedermann – hübsche, zurückgezogene Kleinhäuser im idyllischen Garten –, einen Pumpenfabrikanten im renovierten Kleinhaus, wie Weißensee in diesem Viertel überhaupt viel Kleinbetriebe hat.

Damit machen wir einen Abstecher zu den Ruthenberg-Häusern. Sie wurden auf Veranlassung des Großkaufmanns Hermann Ruthenberg erbaut, der 1907 auch das Elektrizitätswerk in der Großen-See-Straße erwarb. Es sind typisierte

Backsteinbauten, mit Walmdächern aus grünglasierten Ziegeln. Sie umschließen ein Gewerbegebiet zwischen Langhansstraße und Lehderstraße. Dort siedelte Guido Horn seine Fabrik für Schnellflechtmaschinen an, die Elektrizitätsgesellschaft Ziehl-Abegg begann hier mit ihrer Produktion; 1906 wurde eine Glimmerwarenfabrik gegründet. In der Nachbarschaft bauten Warnecke & Böhm ihre Lack- und Ölfarbenfabrik (Goethestraße, Ecke Charlottenburger).

Unser Etappenziel heißt Kunsthochschule, also müssen wir uns links halten, vom Hamburger Platz die Pistoriusstraße zurück bis zur Jacobsohnstraße. Da haben wir die Bauten am Steinberg vor uns, die letzte Siedlung, die vor dem Zweiten Weltkrieg in Berlin gebaut wurde. Es sind zweckmäßige Wohnhäuser, die beweisen, daß neue Sachlichkeit und Bauhaus nicht ganz vergessen waren. Und dann stehen wir vor der Straße 203, die mit Erscheinen der 1. Auflage dieses Büchleins in Bühringstraße umbenannt wurde.

Die Kunsthochschule Berlin wurde im April 1946 als »Kunstschule des Nordens« gegründet. Bald darauf fand die Sowjetische Militärverwaltung, daß auch ihrem Sektor eine Kunsthochschule gut zu Gesicht stünde, und so verlieh sie Kraft Kommandanturbefehl am 15. Mai 1947 der Weißenseer Kunstschule den Hochschulstatus. Der erste Rektor, Otto Sicht, verwies in seiner Eröffnungsrede auf die Notwendigkeit, die Tradition des Bauhauses weiterzuführen. So war es nur folgerichtig, daß ehemalige Mitglieder des Bauhauses wie Bontjes van Beek und Mart Stam zu den Rektoren der Anfangsjahre gehörten. Der Erweiterungsbau 1955/56 wurde vom Bauhausarchitekten Selman Selmanagic geleitet. Zu den ersten Dozenten gehörten der Maler und Grafiker Arno Mohr, die Bildhauer Heinrich Drake und Theo Balden, der Bühnenbildner Heinrich Kilger, der Maler Horst Strempel und der Gebrauchsgrafiker Rudolf Vogenauer.

1951 löste die Partei- und Staatsführung der DDR eine Formalismus-Diskussion aus, in der Expressionismus und Bauhaus als antihumanistisch und fortschrittsfeindlich verun-

Kunsthochschule Weißensee Mitte der fünfziger Jahre

glimpft wurden. Künstler, die sich dem widersetzten, wurden in den fünfziger Jahren diskriminiert. Arno Mohr, Horst Strempel, Heinrich Kilger, Mart Stam und Selman Selmanagic wurden in Presseartikeln abgekanzelt. Mart Stam wurde 1952 entlassen; Horst Strempel, besonders bekämpft wegen eines Wandbildes am Bahnhof Friedrichstraße, verließ die DDR; Selmanagic bekam als Architekt keine Arbeit, Maler, Grafiker und Fotografen keine Ausstellungsmöglichkeiten mehr. Trotzdem haben alle diese Künstler Bauhaustraditionen über die fünfziger und sechziger Jahre hinweg gerettet. In den Siebzigern gab die offizielle Kulturpolitik ihre ablehnende Haltung gegenüber dem Bauhaus auf. Neue Lehrkräfte wie die Gebrauchsgrafiker Werner Klemke und Klaus Wittkugel, später Axel Bertram, Volker Pfüller, Rudolf Grüttner, Gerhard Bläser und andere sorgten dafür, daß die im Bauhaus begründete Tradition der Verbindung von Kunst und handwerklicher Kultur weiterhin gepflegt wurde.

Heute steht die Kunsthochschule unter Denkmalschutz. Neben dem Bau von Selman Selmanagic gehören zu den geschützten Kunstwerken die Reliefs am Eingang von Jürgen von Woyski, der Fries der Malerin Toni Mau, das Wandbild von Arno Mohr im Aulavorraum, die Treppengeländer von Fritz Kühn, die Treppenhausmalerei von Kurt Robbel, das Wandbild in der Mensa von Bert Heller und der keramische Schmuck von Rudolf Vogenauer.

Wem jetzt der Sinn nach einer 1888 erbauten Gasanstalt als technischem Denkmal steht, wer an die Gummifabrik Degufrah denkt und an die Schokoladenfabrik Trumpf, 1857 in Aachen von den Vorfahren des Kunsthändlers Ludwig gegründet, 1921 mit einem Zweigwerk in der Gustav-Adolf-Straße vertreten, der mag geradewegs weiterwandern bis zur Rennbahnstraße und ihrem Stadion.

Wer bereit ist, kaiserlichen Kaleschen zu folgen, die einer Kirchweih zurollen, sich vor Pferdemarkt und Zigeunerwagen nicht scheut und vor Friedhofsbesuchen – zur Rennbahn kommen wir so oder so –, der spaziere an einer Friedhofsmauer entlang, immer unter Linden – merke: fast alle Weißenseer Straßen haben Alleebäume, bis auf eine: Die Berliner Allee. Der Friedhof begleitet die ganze Wegstrecke mit Wipfeln alter Baumriesen. An der Kreuzung Roelckestraße, links vom Eingang, machen wir zehn Schritte nach rechts. Da sehen wir uns dem Gelände einer Grabsteinmetzerei gegenüber, einer breiten Lücke zwischen zwei Wohnblocks. An der Rückseite dieser Lücke stand bis kurz nach Kriegsende ein schmalrückiger dreistöckiger Bau mit schrägem Pappdach, ein Mietshaus der Schön'schen Gründerzeit, genannt das Graue Elend. In ihm wuchs der Arbeiterastronom und Schriftsteller Bruno H. Bürgel auf. In dem damals nicht eben ansehnlichen Kasten wohnten arme und schwer mit dem Leben ringende Menschen. *Am Ende der Roelckestraße, da wo die Felder begannen (wo heute Ostsee-Platz und Liszt-Platz liegen), befand sich ein kleines Schulgebäude. Hier habe ich eine ganze Reihe von Jahren an den Brüsten der Weisheit gelegen, und so klein die Schule war, sie war nicht schlecht; eine ganze Anzahl verständ-*

nisvoller Lehrer fand der Junge da, so mancher erkannte, daß etwas aus ihm zu machen wäre. Über diese Felder hinweg stapfte dann der junge Arbeiter in den damals recht strengen und schneereichen Wintern, Jahr um Jahr, hinüber nach dem »Verbinder«, der Bahnstation Weißensee, und weiter, immer weiter, über Königstor, Alexanderplatz, bis zur Jannowitzbrücke, um die sechzig Pfennige zu sparen, die damals eine Arbeiter-Wochenkarte kostete, so Bruno H. Bürgel in seinen Erinnerungen.

Zwei Friedhöfe sind versprochen; der erste, links in der Roelckestraße 142/150 ist der Friedhof der Evangelischen Georgen-Parochial-Gemeinde. Er wurde 1878 angelegt, die neuromanische Kapelle wurde 1890/1900 gebaut. Das älteste erhaltene Grabmal, ein gußeisernes Kreuz, stammt von 1878. Am Ende der Mauer zur Pistoriusstraße finden wir die Familiengrabstätte Berendt, eine neugotische Wand aus Backsteingiebeln. Ein schlichter Stein davor erinnert an den Pfarrer Ernst Behrendt, den Gründer der Stephanus-Stiftung, gestorben 1919. Ein zweiter an den in Dachau ermordeten Sohn. Auf diesem Friedhof gilt es noch eines anderen aufrechten Mannes zu gedenken, des Polizeioberleutnants Wilhelm Krützfeld (1880–1953). Er schritt mutig gegen die Brandstifter ein, die im November 1938 die Synagoge in der Oranienburger Straße anzünden wollten.

Wenn wir ihm einen Besuch abgestattet haben, 24. Feld, zweite Reihe, schweifen wir noch weiter nach rechts aus bis zum 28. Feld; da stehen zwei Grabmale, die Zeitdokumente sind, Erinnerung an die Bombenangriffe, bei denen manchmal mit einem Schlag ganze Familien ausgelöscht wurden. So lesen wir:

»Hier schläft meine Familie, meine so heißgeliebte Frau Maria Porekait, geb. 20.9.1917, meine herzigen Kinder Erika, geb. 4.12.38, Rita, geb. 23.2.40, Peter, geb. 12.6.42 – alle gestorben am 30.3.1943.« Einem heroischen Zug der Zeit folgend, werden für Geburt und Sterben germanische Runen verwendet.

Wenn wir dann, parallel zur Roelckestraße, dem Ausgang

Grabstätte Berendt auf dem Georgen-Friedhof

zustreben, können wir noch einem Weißenseer Bürger unsere Reverenz erweisen, dessen Name für zwei populäre Imbißstuben steht: Max Konnopke, geboren am 22.12.1901, gestorben am 16.1.1986. Was in den zwanziger und dreißiger Jahren in Weißensee Koschwitz-Würstchen waren, das waren von den Fünfzigern an Konnopkes Bockwürste. Wenn die Berliner mit Füßen abgestimmt haben, geduldig in der Schlange, dann auch vor Konnopkes Imbißbuden am U-Bahnhof Dimitroff- und in der Mahlerstraße. Gedenkt seiner mit Nachsicht!

Nun könnten wir von einem Friedhof zum andern eilen, ohne die Roelckestraße zu verlassen. Das tun wir nicht, weil wir an der Weihung der Bethanienkirche teilnehmen wollen, auf dem Mirbachplatz, der kurz vorher noch Cuxhavener Platz hieß. Die Verdienste des Oberhofmeisters Ernst Freiherr von Mirbach bei der Gewährung staatlicher Zuschüsse zum Bau der Kirche waren jedoch so eindeutig, daß sie durch eine Umbenennung des Platzes noch vor dem Kirchweihtag gewürdigt werden mußten. Ehre, wem Ehre gebührt!

Während wir entlang der Pistoriusstraße dem Mirbachplatz zumarschieren, von dem uns der unversehrt gebliebene Backsteinturm der weggebombten Bethanienkirche grüßt, versetzen wir uns zurück in einen Oktobertag des Jahres 1902 und reihen uns ein in die erwartungsvoll harrende Menge. Hoher Besuch ist angesagt, Kaiser Wilhelm II. und Kaiserin Auguste Viktoria. Die Majestäten sind um zehn Uhr dreißig vom Schloß losgefahren, heißt es; wegen des schlechten Pflasters der Greifswalder Straße fährt man über Prenzlauer Allee, Gustav-Adolf- und Pistoriusstraße. Die Sicherheitsbeamten entscheiden sich im letzten Augenblick zu einer Umleitung über die Langhans- und Gäblerstraße. Sicherheitsbeamte entscheiden sich immer erst im letzten Augenblick. Also warteten die Jubler in der Pistoriusstraße vergebens. Die Wahrheit ist: Die Langhansstraße hatte das kleinere Pflaster, und die Sicherheitsbeamten, zwei an der Zahl, mußten auf Fahrrädern der kaiserlichen Kavalkade vorausfahren. Ihnen graute vor dem Kopfsteinpflaster der Pistoriusstraße. Die Kavalkade bestand aus dem vierspännigen Jagdwagen der Majestäten und einer halben Schwadron des II. Garde-Ulanen-Regiments. Trotz der Umleitung treffen die Majestäten pünktlich in der Kirche ein. Diakonus Dr. Krätschell hält die Festansprache, Markus 14, Vers 38: *Wachet und betet, daß ihr nicht in Versuchung fallet. Der Geist ist willig, aber das Fleisch ist schwach.*

In dieser Rede unterlaufen Diakonus Dr. Krätschell auch folgende Worte: *Vergeßt über der Weihe des Hauses nicht die Weihe der Herzen, auf daß sie sich in ernster Arbeit fügen zu einer Behausung Gottes im Geist als lebendige Steine. Denn wenn auch dies herrliche Haus dereinst wieder in Trümmer gesunken sein wird, im Wandel der Zeiten, dann sollen sie ihm noch dienen in ewiger Gerechtigkeit, Unschuld und Seligkeit.*

War Diakonus Dr. Krätschell ein Prophet? Sicher nicht. Aber genau dreiundvierzig Jahre später sank die Bethanienkirche in Schutt und Asche: Und war doch vom Geheimen Rat Ludwig Thiedemann und dem Regierungsbaumeister Robert Leibnitz für die Ewigkeit gebaut worden! Da hatte Baumeister Heinrich Otto Hoffmann aus Friedenau mehr Glück. Sein 1908/09 im Jugendstil erbautes Gemeindehaus wurde von den Bomben verschont. In seinem Saal hält die evangelische Gemeinde noch heute ihren Gottesdienst ab.

Zu gegebenen Anlässen hören wir die drei mächtigen Glocken der Bethanienkirche, deren eine den Namen der Kaiserin Auguste Viktoria trägt. Erwähnenswert ist, daß die Glocken der Bethanienkirche mit denen der katholischen Josephskirche in der Behaimstraße harmonisch abgestimmt sind; damit sie Toleranz ins Land tragen! Noch eins haben sie gemeinsam: Sie sind aus Bochumer Gußstahl hergestellt. Auch der Chronist fühlt sich zu Toleranz verpflichtet, drum fügt er diesem erbaulichen Bericht die Geschichte der katholischen Kirche und der Immanuel-Kapelle bei.

Fangen wir an mit der St. Josephskirche in der Behaimstraße. Mit dem zunehmenden Strom der Einwanderer aus

Die Ruine der Bethanienkirche auf dem Mirbachplatz

Ost- und Westpreußen, Posen und Schlesien nahm auch die Zahl der Katholiken in Weißensee zu. Anfangs traf man sich zum Gottesdienst in einer Wellblechbaracke, die Geistlichen kamen von der Hedwigskirche. Das war keine Lösung, zumal die Glaubensbrüder aus den umliegenden Dörfern auch nach Weißensee pilgerten. So kam es zur Trennung von der Hedwigsgemeinde und zum Kirchenneubau in der Wilhelmstraße. Am 7. August 1898 wurde der Grundstein gelegt, und am 4. Juni 1899 fand die Einweihung der neuen Kirche statt. Für ganze 285.000 Mark wurde damals ein Gotteshaus im frühgotischen Stil in zehn Monaten erbaut! Erstmals treten als Stifter nicht nur Adlige und Besitzbürger auf, sondern auch Proletarier. So stiftet der katholische Arbeiterverein den Hochaltar, und die katholischen Pferdebahnkutscher und Schaffner aus Weißensee stiften die Gruppe der Heiligen Familie. Einen Nebenaltar, der auf die Einwanderung aus den Ostprovinzen hinweist, hat die Kirche auch noch: Den Altar des Heiligen Stanislaus Kostka, eines polnischen Adligen aus dem sechzehnten Jahrhundert. Seiner gedacht wird am 13. November.

Damit wäre die Reihe an der Immanuel-Kapelle Friesickestraße Nr. 15, dem Gotteshaus der Evangelisch-Freikirchlichen Gemeinde. Es hat eine klassizistische Giebelfront und wurde 1910 eingeweiht. In ihm finden annähernd siebenhundert Personen Platz. Die Gemeinde nennt sich freikirchlich, weil sie für die Trennung zwischen Staat und Kirche eintritt, auf Kirchensteuer verzichtet zugunsten freiwilliger Gaben. Ihre Mitglieder lassen sich durch Untertauchen taufen, was ihnen weltweit zu dem Namen Baptisten verhalf.

Hiermit ist der Toleranz Genüge getan, und wir können unseren Spaziergang fortsetzen. Auf dem Weg zum Friedhof kommen wir am Städtischen Krankenhaus in der Schönstraße vorüber; als was gegründet? Natürlich als Auguste-Viktoria-Krankenhaus, obwohl ein Provinzialverein als Geldgeber dahinterstand. 1913 wird es erweitert und schließlich geht der Bau in Gemeindeeigentum über. Nach 1945 wird ein Teil

Wildwestromantik in Weißensee 1897: die katholische Kapelle

Poliklinik, in den achtziger Jahren rekonstruiert man das Krankenhaus und stellt noch einen Erweiterungsbau dazu. Er grenzt unmittelbar an den alten Pferde- und Zigeunermarkt, der sich zwischen Roelcke- und Schönstraße befand. An diesen Erweiterungsbau schließt sich seit 1997 die Weißenseer Parkklinik an.

Als die Gemeinde neues Friedhofsgelände kaufte, zweigte sie einen Teil für den Pferdemarkt ab; denn der brachte nicht nur Leben nach Weißensee, er brachte auch Gewinn. Wenn Weißensee bis in die zwanziger Jahre als Zigeunerdorf verschrien war, dann vor allem wegen des Markts in der Schönstraße. Von seinem Zauber erfahren wir in Wolfdietrich Schnurres Erzählung »Abstecher ins Leben«: *Und nun hörte ich das Wiehern von drüben und schmeckte die Wagenschmiere und das salzige Leder im Wind und da wußte ich, daß Pferdemarkt war. Ich lief überall herum und las die Namen an den Wagen. Es waren viele Zigeunernamen dabei, aber auch andere merkwürdige, und einen gab es, der gefiel mir besonders gut, Aaron Schatzhauser hieß er. Mir tat leid, daß das Schild, wo er drauf stand, so staubig war; ich wischte es blank mit dem Ärmel ...*

Der Name Schatzhauser öffnet dem Jungen den Weg in die Wunderwelt des Pferdemarkts, er begreift die Ambivalenz zwischen seinen Träumen und den banalen Forderungen des Tages; Schatzhauser bezahlt sein Standgeld und der Junge sein Lehrgeld, und er ist am Ende reicher, auch der Vater.

Ein Seitenstück dazu ist die Erzählung »Jenö war mein Freund«, eine Zigeunergeschichte mit Spielort Fauler See und einem Endspiel in Birkenau.

Wir treten wieder ein in die traute Backsteinwelt, diesmal spricht uns das Holländische Viertel von rechts an. Auf der Westseite haben die hohen Giebel keinen Glanz am Vormittag, also freunden wir uns mit der Friedhofsmauer an und dem Klinkertor von Carl James Bühring, das uns unter Assistenz von Bildschmuck des Herrn Schellhorn Zutritt verschafft ins Totenreich des Städtischen Friedhofs. Ein Gruß den Gründern; nicht den reich gewordenen Spekulanten, sondern zwei Bürgermeistern, die sich redlich bemüht haben, Mehrer ihres kleinen Reiches zu sein, der Gemeinde Weißensee. Wenn wir den breiten Mittelweg zum anderen Ausgang hinschreiten, finden wir am Ende auf der rechten Seite, gleich neben der Leichenhalle, zwei schwarze Marmorkreuze. Eines ist geköpft, das gehört der Gattin, unter dem unversehrten ruht in Frieden der Träger mehrerer Orden, der Amts- und Gemeindevorsteher Heinrich Feldtmann, geboren am 12. Juni 1838, gestorben am 26. Juli 1905. Wenn wir die Begrenzungsmauer am Westausgang links weitergehen, stoßen wir bald auf das Erbbegräbnis seines Nachfolgers, Dr. Carl Woelck, geb. am 21.9.1868, gestorben am 23.9.1937.

Verlassen wir den Friedhof durch den Haupteingang in der Roelckestraße, durchschreiten wir noch einmal ein Bühringsches Säulentor und zwei Terrakottareliefs von Hans Schellhorn, die an die Vergänglichkeit des Lebens erinnern.

Unser nächstes Etappenziel heißt Rennbahnstadion, und so schlendern wir am besten den Sportplatz an der Berufsschule entlang, da erhaschen wir auch noch mit einem Blick die grauen Kessel der alten Gasanstalt und biegen rechts ein in die Gustav-Adolf-Straße, erreichen so den Eingang des Friedhofs der Segensgemeinde. Wer die nächste Zeit nicht nach Rio de Janeiro kommt und trotzdem eine überlebensgroße Christusstatue sehen möchte, sollte ein paar Schritte hineingehen. Er kann dann auf dem Mittelweg eine beeindruckende Kopie des segnenden Christus von Bertel Thorwaldsen (1768–1844) bewundern. Nachdem wir die Rennbahnstraße überquert haben, stehen wir vor dem Stadion – und an der Wiege des Berliner Trabersports.

Nach dem gewonnenen Krieg von 1870/71, als Geld unter die Leute kam, spürte man mit einem Mal Lust auf Trabrennen. Geweckt hatte die Lust der russische Zirkusdirektor Salamonsky, der in der Nähe des Lessing-Theaters russische Zirkuspferde gegen Pferde aus Berliner Privatställen laufen ließ. Das Interesse an diesen Veranstaltungen war enorm;

denn es durfte gewettet werden. So kam es 1877 zur Gründung des Berliner Traber-Clubs. Weißensees Bürgermeister Heinrich Feldtmann gründete hellseherisch eine Terrain-Aktiengesellschaft und wurde auch ihr alleiniger Direktor. Diese Gesellschaft pachtete bis 1882 das zukünftige Rennbahngelände, erwarb das Vorkaufsrecht und setzte auch vorausschauend den Kaufpreis nach Ablauf der Pacht fest. Da kann man was lernen! Unter den angebotenen Grundstücken in Westend, Tempelhof, Schönholz und Weißensee bekam Weißensee den Zuschlag. Wie hat Feldtmann das gemacht?! Am 16. und 17. Juni 1878 fanden die ersten Rennen statt. In einem Zeitungsbericht heißt es: *Der Berliner Traber-Club hat am letzten Sonntag und Montag auf der von ihm beim Dorf Weißensee hergerichteten Rennbahn das Fest seiner Einweihung begangen. Ein geräumiger und in der Konstruktion gefälliger Tribünenbau, der annähernd 1.000 Personen Platz bietet und in den unteren Räumen die Lokalitäten für den technischen Betrieb enthält, gewährt eine bequeme Rundsicht und ist an den beiden Eröffnungstagen bis auf den letzten Platz benutzt gewesen.*

Auch finanziell war es ein Erfolg. Der Club entschloß sich, sechs neue Totalisator-Maschinen aufzustellen. Allein 1880 konnten an 22 Renntagen Preise von insgesamt 120.000 Mark angesetzt werden, für den Club betrug der Reingewinn 60.000 Mark! Aber die preußische Regierung sah in den Totalisator-Wetten etwas Unmoralisches und verbot sie 1882. Komischerweise war das genau das Jahr, an dem der Vertrag zwischen der Weißenseer Terrain-Gemeinschaft und dem Club ablief.

Die Gesellschaft machte von ihrem Rückkaufrecht Gebrauch, und siehe da, vier Jahre später sicherte eine neue Kabinettsorder den Einsatz des Totalisators. Der Trabersport erwachte zu neuem Leben und Weißensee erblühte mit ihm; denn die Trabrennbahn war nicht nur der beste Steuerzahler, sondern auch ein unerschöpflicher Anreger für Handel und Wandel.

Schon 1887 lief Polly, der berühmteste Renntraber Europas, in Weißensee seinem sicheren Sieg entgegen. Leider überwarf sich die Gemeinde mit dem Club, als der verlangte, endlich ordentliche Straßen zu bauen, was er bei seinem Steueranteil verlangen könne. Die Gemeinde war der Meinung, wer in der Lage sei, soviel Steuern zu zahlen, könne sich seine Straßen selber bauen. So waren letztlich die Tage der Weißenseer Trabrennbahn gezählt. Hören wir uns einen letzten Jubelbericht an: *Mit den Renntagen kam Unruhe ins Dorf. Kremser, Droschken und Kutschen rollten durch die Straße und brachten Tausende von Besuchern – und viel Geld! Das galt besonders für die Tage, an denen im Sternecker eine sensationelle Riesen-Gala-Weltattraktion angekündigt war. Dann saßen die Kavaliere mit ihren Damen in den Logen und zerbrachen eine Rolle Goldstücke nach der andern, und sie bückten sich nicht einmal, wenn dabei ein Goldstück in den Kies rollte, und manch Junge fand vor den Rennterrassen am nächsten Morgen mehr Geld, als sein Vater in einer Woche verdiente. Es wurde hoch gewettet und flott gelebt, und manche Tragödie nahm an den Renntagen ihren Anfang.*

Von den zwanziger bis in die fünfziger Jahre fanden Sportfeste und Radrennen im Stadion statt. Die Stunde der Bolzer war besonders beliebt, wenn die Radler an der Rolle hinter den schweren Motoren hingen, aber auch Steher- und Verfolgungsrennen zogen zahlreiche Besucher an. Es gab wohl auch eine Friedensfahrt-Einfahrt. Das letzte, was dem Chronisten in Erinnerung ist, sind Windhundrennen hinter auf Rollen abgespulten Hasen-Attrappen. Da kam es schon vor, daß einer der Favoriten nicht loslief, weil er das Spiel durchschaute.

Als im Jahre 1997 ein Stadtrat auf einer Pressekonferenz formulierte: »Neu-Karow ist das Rennpferd im Berliner Wohnungsbau«, sagte sich die Baugesellschaft SÜBA: »Es muß nicht immer Karow sein!« und errichtete an der Rennbahnstraße auf dem Gelände der ehemaligen Gärtnerei Grille die Wohnsiedlung »Blumenwinkel«, eine anregende Melange aus Doppel- und Reihenhäusern, ergänzt durch Stadtvillen. Die Firma kommt aus Hockenheim, versteht also was vom Ren-

Der Blumenwinkel

nen und wir wünschen, daß »Blumenwinkel« zu einem Publikumsmagneten wird wie einst das Rennpferd »Polly«.

Wer das Gelände der Weißenseer Rennbahn betritt, sollte auch immer einen Bibelvers aufschlagen, die Stelle, wo Jehova aus dem brennenden Dornbusch spricht: *Ziehe deine Schuhe aus, denn die Stätte, da du stehest, ist heiliger Boden!* Denn auf diesem Gelände fanden die Rock- und Popkonzerte der achtziger Jahre statt – mit Bruce Springsteen, Joe Cocker und James Brown –, zu denen die Polizei alle Zufahrtsstraßen abriegelte, von der Pistoriusstraße an, über die dann eine abenteuerlich bunte Menschenmenge friedlich pilgerte, Korsaren und Buschklepper darunter, Beachcomber und Heilige der letzten Tage. Und wenn der Boss sang, sangen sie mit und schützten ihre brennenden Kerzen vor dem Nachtwind. Oh Mann, waren das Zeiten!

Als die großen Umbrüche vorbei waren und das Volk sich verlaufen hatte, sammelte sich die neue Schar der Gläubigen in der »Halle«. Sie ist inzwischen eine Art Sportpalast der Rockmusik geworden. An der Industriebahn, in einer Montagehalle der Ziehl-Abegg-Elektrizitätsgesellschaft mbH, die nach dem großen Brand von 1920 recht und schlecht am Leben erhalten wurde, finden Konzerte statt mit bis zu dreitausend Besuchern. Der alte Elektro-Großhändler, der Witz genug hatte, sich in einem satirischen Terrakotta-Relief neben dem Fabrikeingang abbilden zu lassen, scheint mit dem Betrieb recht zufrieden.

Das Industriegelände um die Halle entstand vor dem Ersten Weltkrieg. Voraussetzung dafür war die Industriebahn Tegel–Friedrichsfelde, die vom Kreis Niederbarnim erbaut und 1908 in Betrieb genommen wurde. Vorausschauend hatte die Firma Erich am Ende eine Reparaturwerkstatt für Lokomotiven und Eisenbahnwagen errichtet. Die Weißenseer Verwaltung sah sich genötigt, einen neuen Bebauungsplan aufzustellen, der Industrie- und Wohnviertel trennte.

Eine der Firmen, die bei der Gemeindeverwaltung einen Lageplan einreichten und um Baugenehmigung für einen Industriebetrieb nachsuchten, war die Vitascope-Gesellschaft, gegründet 1907 von Jules Greenbaum. Sie beauftragte den Weißenseer Abrißunternehmer Paul Köhler mit der Errichtung eines Photoateliers nebst Bürogebäude. Das geschah im Mai 1913. Im Dezember desselben Jahres konnte man in einer Fachzeitschrift lesen: *Durch die außerordentliche Vergrößerung des Absatzes unserer Filme in allen Teilen der Welt sahen wir uns veranlaßt, unsere Fabrikation nach Berlin-Weißensee, Franz-Joseph-Straße 5–7 zu verlagern, welche Fabrikationsräume am letzten Montag ihrer Bestimmung übergeben wurden. Die Anlage ist die größte Deutschlands.* Ja, da hieß Babelsberg noch Nowawes.

Anfang 1914 kamen die ersten in Weißensee entstandenen Filme in die Kinos, darunter Harry Piels »Die braune Bestie« nach einem Drehbuch von Richard Oswald. Dann zollte die Filmindustrie dem Weltkrieg ihren Tribut mit einigen Kitsch-

Ziehl-Abegg, der Unternehmer mit Sinn für Skurriles

filmen wie »Es braust ein Ruf wie Donnerhall«, »Durch Pulverdampf und Kugelregen«, aber die Verantwortlichen im Kriegsministerium merkten bald, daß die Kinobesucher Ablenkung von den Alltagsproblemen verlangten und lachen wollten. Wenn schon Horror, dann nicht den Horror der Materialschlachten, sondern den solcher Gruselgeschichten wie »Der Hund von Baskerville«, zu dem noch im ersten Kriegsjahr ein zweiter Teil gedreht wurde. Die Besetzung der Filme war erstklassig, weil Berlin die wichtigste deutsche Theaterstadt war und weil die Bühnenschauspieler im Film eine neue Kunstform sahen. Albert Bassermann, Paul Wegener, Tilla Durieux, Alexander Moissi, Paul Bildt, Curt Goetz und Harry Liedke wirkten bereitwillig in Filmen mit und natürlich auch die Neulinge, die gerade nach Berlin gekommen waren, wie Werner Krauß, Emil Jannings, Conradt Veidt, Hans Albers und andere. Ein Mann wie Richard Oswald, der sich zuerst mit einem Drehbuch versucht hatte, avancierte zum Regisseur und drehte innerhalb eines Jahres ein Dutzend Filme. So etwas war nur in dieser Pionierzeit möglich.

Bis zum Jahre 1919 wurden in Weißensee allein sechsundzwanzig Filme über die Abenteuer des englischen Detektivs Stuart Webbs gedreht, und Joe May produzierte im benachbarten Studio die Serie »Joe Deebs«. Trotz des Krieges gegen England agierten in den Serien englische Detektive. Im Herbst 1915 bemächtigte sich die Greenbaum-GmbH erneut eines Klassikers der Horror-Literatur: Gaston Leroux's »Das Phantom der Oper«.

Noch während des Krieges tauchte ein junger Mann bei Joe May in Weißensee auf und behauptete, er könne Filmszenarien schreiben. Da er aus Mays Heimatstadt Wien stammte, bekam er eine Chance. Er schrieb »Die Hochzeit im Excentricclub«, Harry Liedtke und Käthe Haack spielten die Hauptrollen. Die Presse prophezeite dem Film riesige Aufführungsziffern, den Namen des Szenaristen vergaß man zu erwähnen. Der Mann hieß Fritz Lang.

1917 tritt Amerika in den Krieg ein, in Berlin wird gestreikt, und die Oberste Heeresleitung hält es für nötig, auch alle Filmarbeit zu konzentrieren, um sie gezielt einsetzen zu können. Sie veranlaßt die Gründung der UFA. Der Endsieg wurde nicht errungen, aber die May-Film war nun Teil eines mächtigen Konzerns und trotzdem nominell selbständig. Es gab das große Geld, und Joe May drehte seinen ersten Monumentalfilm »Veritas vincit«, eine Geschichte aus dem alten Rom. Die UFA spendierte eine Dreiviertelmillion, und da selbst die Großateliers in der Franz-Joseph-Straße zu klein waren, ließ Joe May das historische Rom auf dem Gelände der ehemaligen Trabrennbahn aufbauen.

1919 mietete eine Gesellschaft, die sich »Film-Atelier-Weißensee« nannte, in der Franz-Joseph-Straße die Häuser Nummer 9 bis 12. Nutzer dieser Ateliers war unter anderem die 1915 von Erich Pommer gegründete Gesellschaft Decla. Auch die Decla drehte anfangs Detektiv-Filme. Ihr Held hieß Tom Shark. Ein Name, den bald danach eine Heft-Serie übernahm, die noch in den dreißiger Jahren neben Rolf Torring eifrig gelesen wurde. Trotz des Nachkriegselends erhöhte die Decla ihr Kapital auf 15 Millionen Mark und begann mit der Arbeit an einer neuen Superproduktion. Diesmal wurde Florenz in Weißensee aufgebaut. Zu einer Besichtigung lud man die Presse ein, für die man sogar die Fahrtkosten erstattete. Die Journalisten waren begeistert: *Italien in Berlin. Man nimmt ein Auto, das man nicht einmal selbst zu bezahlen braucht, fährt ungefähr 25 Minuten in der besten Gesellschaft und steht plötzlich auf einem großen Platz in Florenz. Vor uns erhebt sich das Palazzo Vecchio, daneben stehen die berühmten Uffizien, und rechts von uns befindet sich die Loggia di Lanzi, wo der berühmte Herzog von Medici seine Wachmannschaft beherbergte.*

Es war die Zeit der Monumentalfilme. Ernst Lubitsch drehte in Tempelhof »Madame Dubarry«, und Joe May trieb es bis nach Woltersdorf; er ließ dort indische und chinesische Tempel erbauen für seinen Achtteiler »Die Herrin der Welt«. In Johannistal inszenierte er das »Indische Grabmal« nach einem Buch von Thea von Harbou, und Fritz Lang drehte in

Weißensee »Harakiri«, für den in der Franz-Joseph-Straße ein Stück Japan aufgebaut wurde.

1919 kaufte die Decla von einem unbekannten Autor namens Carl Mayer ein Szenarium mit dem Titel »Das Cabinet des Dr. Caligari«. Der eigentliche Erfinder der Geschichte war Hans Janowitz aus Prag. Seine Herkunft aus der Stadt Franz Kafkas und Gustav Meyrinks machte ihn besonders empfänglich für übersinnliche Vorgänge und Alptraumgeschichten. Ein Erlebnis auf einem Hamburger Rummelplatz, das mit einem Mädchenmord verknüpft war, soll den Anstoß zu der Caligari-Geschichte geliefert haben. Janowitz war im Krieg Offizier gewesen und kehrte als überzeugter Pazifist zurück. Carl Mayer stammte aus Graz, kam aus gutem Hause, hatte aber das Unglück, daß der Vater zu spielen anfing, sein Vermögen verlor und sich erschoß. Dem sechzehnjährigen Carl fiel die schwere Aufgabe zu, für seine jüngeren Brüder zu sorgen. Er verdiente sein Geld als Hausierer, Opernstatist und Laienschauspieler. Im Verlauf des Krieges wurde er mehrmals zu psychiatrischen Untersuchungen in ein Militärkrankenhaus bestellt. In der Zeit entstand sein Haß gegen die Psychiatrie. Janowitz lernte Mayer in Berlin kennen. Sie durchstreiften die nächtliche Stadt mit ihren glitzernden Rummelplätzen. Dort trafen sie in einer Schaubude auf einen Athleten, der im Trancezustand unglaubliche Kraftakte ausführte. Dieses Erlebnis gab den letzten Anstoß zur Niederschrift der phantastischen Geschichte von dem dämonischen Arzt, der mit hypnotischer Macht Menschen zwingt, Böses zu tun. Den Namen Caligari entnahmen sie einer Tagebuchnotiz von Stendhal.

Damit hatten Hans Janowitz und Carl Mayer in E.T.A. Hoffmanns Manier eine recht revolutionäre Geschichte geschrieben. Sie wollten – mehr oder minder bewußt – die Allmacht einer Staatsgewalt anprangern, die durch militärischen Zwang ihre Unteranen dazu bringt, in beliebig herbeigeführten Kriegen zu morden. Den Film sollte Fritz Lang drehen, der hatte aber bereits andere Verpflichtungen übernommen, und so wurde Robert Wiene mit der Arbeit beauftragt. Wiene, in seiner eigenen Familie mit psychiatrischen Problemen konfrontiert, machte eine Änderung, die an der Substanz der Geschichte rührt: Er konstruierte eine Rahmenhandlung, die in einem Irrenhaus spielt, und verwandelte die böse Realität in die Phantasterei eines Geisteskranken. Die Drehbuchautoren Janowitz und Mayer wehrten sich gegen diese Änderung, weil ihre Aussage ins Gegenteil verkehrt wurde. Nicht die Staatsmacht war verrückt, sondern ihre Opfer waren es. Vielleicht ohne es zu wollen, hatte Wiene damit den Film dem Kommerz zugänglich gemacht; die Konflikte wurden aus der Realität in die Seele verlegt. Da durften sie sich austoben, je schlimmer, desto besser; denn Caligaris Entmachtung war nur noch ein psychologischer Akt.

Drehbuchautor Hans Janowitz wünschte sich für die Ausstattung seinen böhmischen Landsmann Alfred Kubin. Regisseur Wiene wollte eine in expressionistischer Manie gemalte Kulisse und hatte sich dafür drei Leute von der Künstlergruppe »Sturm« ausgesucht: Herrmann Warm, Walter Röhrig und Walter Reimann. Wiene setzte sich durch. Nach gotischen Vorlagen schufen die drei eine schiefe, vielzackige Filmwelt, denen die Schauspieler Leben einhauchten, vor allem die Hauptdarsteller Werner Krauß, Conrad Veidt und Lil Dagover.

»Das Cabinett des Dr. Caligari« wurde am 27. Februar 1920 im Berliner »Marmorhaus« am Kurfürstendamm uraufgeführt. Eine lautstarke Werbekampagne hatte verkündet: »Du mußt Caligari werden!« Was natürlich nicht mehr hieß als: Jedermann sein eigner Fußball! Eine besonders scharfsinnige Zeitungsanalyse bescheinigte dem Film Verständnis für die aufopferungsvolle Tätigkeit von Nervenärzten und Irrenwächtern.

Die Franzosen merkten sofort, daß in dem Film ein verklemmtes Stück deutscher Seele strampelte. Man erfand das Wort Caligarisme und meinte damit das Nachkriegschaos, aus dem ein Homunculus hervorbrodeln konnte, erwünscht und gefürchtet zugleich. Der Filmwissenschaftler Siegfried Kracauer wies 1947 auf die imaginären Beziehungen zwischen Caligari und Hitler hin. Er fand, Caligari sei ein Vorläufer Hitlers, weil er *hypnotische Gewalt anwandte, um menschlichen Werkzeugen seinen Willen aufzuzwingen.*

Joe May und Erich Pommer waren inzwischen beide zur UFA gegangen, die ihre Filmstadt Neu-Babelsberg aufbaute. Sie ließen aber trotzdem in Weißensee produzieren. So entstand 1923 »Die Tragödie der Liebe« mit Mia May, Emil Jannings, Rudolf Forster und – Marlene Dietrich. Es war ihr erster Film, überdies lernte sie ihren ersten Ehemann kennen; man kann also getrost behaupten: Die Filmkarriere der Marlene Dietrich begann in Weißensee!

Die letzte erwähnenswerte Produktion in der Franz-Joseph-Straße war der Joe-May-Film »Panik«, in dem Harry Piel eine seiner berühmten Raubtiernummern abzog. Joe May, mit seinen Zweig- und Nebenfirmen, war zwar noch Eigentümer des Ateliers, aber die neuen Besitzer klopften bereits an die Tür. Für Filme war Babelsberg zuständig und nicht mehr Weißensee. Nur im Krieg gab es eine Ausnahme, als Hans Steinhoff 1941 »Ohm Krüger« drehte. Der Film hatte die Aufgabe, Haß gegen England zu erzeugen. Drum zeigte man ein englisches Konzentrationslager, in dem Frauen und Kinder festgehalten wurden. Diese Lagerszenen wurden im Rennbahnstadion gedreht, und manche Weißenseer Hausfrau wirkte als Statistin mit. Steinhoff nahm Goebbels' Aufforderung, von Eisenstein zu lernen, wörtlich und kopierte die berühmte Szene, in der sich gefangene Matrosen weigern, verfaultes Fleisch zu essen. Die Burenfrauen werden nach ihrem Protest erschossen. Der Film hinterließ im Publikum einen starken Eindruck und verbreitete unterderhand die Moral, mit den eigenen Konzentrationslagern sei es halb so schlimm; außerdem hätten die Engländer damit angefangen.

In der Franz-Joseph-Straße zog in die Häuser 5–7 die Färberei H. Ide ein; auf dem Gelände, das an die Berliner Allee grenzte, wurde ein Wohnblock errichtet. Die Namen einer

Groß-Dampf-Färberei und chemischen Waschanstalt tauchen auf. Daraus wurde zu DDR-Zeiten die Wäscherei Rewatex, nun ist es eine GmbH, gewaschen wird immer noch, gefilmt nicht mehr.

Fünfter Spaziergang

Heinersdorf – Blankenburg – Karow

Wenn Heinersdorf, Blankenburg und Karow wie Anhängsel erscheinen, ist das nicht Schuld des Autors, sondern Folge einer Gebietsreform, die am 1. Januar 1986 zur Gründung des selbständigen Stadtbezirks Hohenschönhausen führte. Dabei verlor Weißensee die Ortsteile Hohenschönhausen, Malchow, Wartenberg, Falkenberg und bekam dafür Heinersdorf, Blankenburg, Karow, obwohl diese Orte seit Jahrhunderten mit Pankow und Buch verbunden sind. Aber die Bezirksgrenzen sind nun einmal so gezogen und Chronistenpflicht ist, über das Gegebene zu berichten.

Heinersdorf liegt an der S-Bahn nach Bernau, außerdem ist es mit der Straßenbahn der Linie 1 zu erreichen. In einer alten Chronik heißt es: *Heinersdorf, zuerst Hinrickstorppe und später Heinrichsdorf geheißen, Kirchdorf, dreiviertel Meilen nordöstlich von Berlin ...* Der Name rührt allem Anschein nach von seinem Gründer her; wer aber dieser gewesen ist, läßt sich nicht angeben, da die Nachrichten nur bis zum Jahr 1319 zurückgehen. Der Ort war damals im Besitz des Markgrafen Waldemar, der es den Vorstehern des Berliner Heiliggeist-Hospitals für 150 Mark Brandenburgischen Silbers verkaufte. 1681 erwarb es der Geheime Rat Paul von Fuchs, dem auch Malchow gehörte. Dessen Sohn verkaufte es mit Malchow zusammen an den preußischen König Friedrich I. für 6.000 Taler.

Der industrielle Aufschwung der Gründerjahre hatte auch Folgen für Heinersdorf. Die rege Entwicklung in den Nachbarorten Weißensee und Pankow wirkte sich belebend aus. 1893 wurde der Bahnhof Pankow-Heinersdorf eröffnet, und die Trabrennen in Weißensee sorgten für Durchgangsverkehr. Es entstanden Kleingartenanlagen und Siedlungen wie »Am Steinberg«, »Grüne Aue« u.a., die dem Ort noch heute ihr Gepräge geben. Auch einige Lebensmittelbetriebe siedelten sich an. 1911 wurde Heinersdorf an das Straßenbahnnetz angeschlossen.

Zu Groß-Berlin kam es 1920 als Ortsteil des Bezirks Pankow. Nach der Eingemeindung entstanden die Siedlungen Heinersdorf Nord, Heinersdorf Ost, Heinersdorf West. 1964/65 wurde der Milchhof erbaut und Ende der siebziger Jahre das Backwarenkombinat.

Ein Spaziergang beginnt am besten an der Haltestelle Am Steinberg der Linie 1. Da ist man gleich eingestimmt. Zu beiden Seiten der Straße Grünanlagen, in naher Ferne ein zerschossener Turm neben einem Schulgebäude. Es ist der große Wasserturm, der 1911 errichtet wurde. Er ist noch deutlich mit Kriegsnarben bedeckt; Flaksoldaten verteidigten ihn, dann diente er der Roten Armee als Funkmeßturm, war also militärisches Objekt bis zur Wende. Nun ist er gesperrt wegen baulicher Mängel. Würden sie beseitigt, ergäbe er einen prächtigen Aussichtsturm. Den hat ein Bezirk, dessen höchster Berg 63 Meter über dem Meeresspiegel liegt, bitter nötig.

Spazieren wir geradezu auf die Kreuzung Romain-Rolland-Straße, bemerken wir den Turm einer Dorfkirche. Sie stammt aus der Zeit um 1300, da war sie ein Feldsteinbau, wie fast alle märkischen Dorfkirchen. 1490 wird ein spätgotisches Seitenschiff eingebaut, das als Begräbniskapelle dient. Aus der gleichen Zeit stammt die Glocke mit den vier Evangelisten Matthäus, Markus, Lukas und Johannes. Die beiden anderen wurden im 16. Jahrhundert geweiht. Die mit der Jahreszahl 1519 erwischte bei den Kämpfen am Ende des Zweiten Weltkriegs ein Artilleriegeschoß. Durchlöchert steht sie jetzt auf einem Backsteinsockel als Mahnung vor dem Gemeindehaus.

Dorfkirche Heinersdorf, Romain-Rolland-Straße

Mit Einführung der Reformation verliert Heinersdorf seine kirchliche Selbständigkeit, wurde Filiale von Weißensee. 1860 erweitert man den Kirchenbau noch einmal, 1893 bekommt die Kirche einen neuen Glockenturm. 1908 wird Heinersdorf wieder selbständige Kirchengemeinde. Pfarrer Dr. Johann Krätschell kauft früheren Kirchengrund zurück und errichtet das Margaretenheim, bestehend aus Diakonissenstation, Kinderheim, Altersheim und Gemeindesaal. 1908 baut Carl James Bühring das Pfarrhaus mit einem Konfirmandensaal. 1935 wird die Kirche durch ein Querschiff erweitert, der seitliche Ausbau zu einer Trau- und Taufkapelle umgestaltet. 1939 wird auch das Kinderheim erweitert.

Wir sollten nicht versäumen, auch der anderen Straßenseite einen Blick zu gönnen. In der Romain-Rolland-Straße steht ein Bauerngehöft aus der Gründerzeit mit einem reliefgeschmückten Wohnhaus und einem schön restaurierten Taubenturm.

Wenn wir die alten Heerstraßen nicht hätten! Wann und wo erfolgte die Gründung des Angerdorfs Blankenburg? Natürlich im 13. Jahrhundert an der von Berlin nach Bernau führenden Heerstraße. Und wo finden wir die erste sichere Nachricht darüber? Natürlich im Landbuch Kaiser Karls IV. Die vorher umschwirrenden Namen Anselmo oder auch Nenningue de Blankenborch mögen uns sympathisch sein, in Prag steht geschrieben im Jahre 1375, daß der Ritter Damme (was heißen soll Thomas oder Timotheus) Röbel das Dorf fest in seiner Hand hatte.

Im 18. Jahrhundert wurde Blankenburg sogar Vorwerk der königlichen Domäne Niederschönhausen. Aber auch ein königlicher Fiskus kann in Nöte kommen; in so einem Fall verkauft er an Privathand, und so darf es uns nicht wundern, wenn 1882 die Stadt die königliche Domäne zwecks Anlage von Rieselfeldern erwerben kann. Die Berlin-Stettiner Eisenbahn leistet sich 1877 einen Haltepunkt Blankenburg, was den Aufschwung des Ortes begünstigt. Die Zahl der Einwoh-

Das restaurierte Taubenhaus in Heinersdorf

ner erhöht sich von 1856 bis 1920 von 350 auf 1.316. In der Umgebung des Ortes entstehen Siedlungen und Kleingartenanlagen. 1920 wird der Bezirk Pankow in Berlin eingemeindet, mit ihm der Ortsteil Blankenburg. Bei Ausbruch des Zweiten Weltkrieges hat Blankenburg bereits über 5.000 Einwohner. Nach dem Krieg nimmt es in der Entwicklung landtechnischer und gartenbautechnischer Betriebe einen bedeutenden Platz ein.

Trotzdem hat sich Blankenburg seinen dörflichen Charakter bewahren können. Es verfügt auch heute noch über einen eindrucksvollen Dorfanger mit Kirche und Bauerngehöften. Wir können es mit den Omnibussen der Linien 150, 158 oder 259 besuchen, dann steigen wir am Dorfanger aus. Wir können auch mit der S-Bahn Richtung Bernau fahren. Dann gehen wir die Bahnhofstraße Richtung Dorf, haben rechterhand die typischen Kleingärten, für die Berliner Luft unerläßlich wie eh und je, stoßen danach auf der linken Seite auf die Bauten des Albert-Schweitzer-Krankenhauses, und wenn uns dann der Zweckplattenbau einer Kaufhalle langweilt, überqueren wir die Hauptstraße, bevor sie an der Kirche im rechten Winkel ihren Weg nach Norden nimmt und treten ein in eine Parklandschaft, in die ein mächtiges Gebäude hineingesetzt wurde, das nur von der Stirnseite schloßähnlich wirkt.

Umgeht man es und sieht es frontal, weiß man, es ist als Sanatorium konzipiert und gebaut worden. Sein Architekt heißt Ludwig Hoffmann, Stadtbaurat von Berlin, er war kein Anhänger der Moderne, baute aber zweckmäßig, ökonomisch und kunstvoll. Das will vor dem Ersten Weltkrieg etwas heißen. Die Aneinanderreihung der Balkone und Loggien mögen eine gewisse barocke Wucht ausstrahlen, doch sind sie schnörkellos und für ein Sanatorium zweckbestimmt. Das Genesungsheim wurde im Auftrag der Stadt Berlin errichtet, im Ersten Weltkrieg war es Lazarett, im Zweiten natürlich wieder. Nach dem Krieg war es Kindererholungsheim, später kam eine Abteilung für Behinderte hinzu. Den Namen

»Janusz Korczak« hat es von einem polnischen Lehrer, der mit seinen Schützlingen freiwillig ins Gas ging.

Die Dorfkirche macht sich, wie könnte es anders sein, im 13. Jahrhundert als Feldsteinbau bemerkbar, erhält hundert Jahre später einen Turm, 1695 ein Abendmahlgemälde als Altaraufsatz und eine Stiftungstafel, an die heilige Dreieinigkeit erinnernd, das sogenannte Athanasium. In die Gegenwart herübergerettet wurde das alles durch umfassende Renovierungen, die zwischen 1939/40 begannen und 1962/63 ihren Abschluß fanden. Wie alle märkischen Kirchen ist auch die Blankenburger von einem Feldsteinfriedhof eingeschreint. Lohnendes Motiv für Fotografen sind die alten Bauernhäuser, die deutlich machen, daß man sich mit dem Anbau von Gemüse einen Schinkelvorbau verdienen konnte.

Hinter den zweckentfremdeten Mauern eines dieser Bauernhöfe verbirgt sich das Berliner Hundemuseum: eine Hundeausstellung, die ihresgleichen nicht hat. In sieben Räumen werden zwanzigtausend Exponate zum Thema Hund gezeigt. Ehrenzeichen, Siegerdiplome, Hundejagdbeiwerk, Hundesportgeräte, Hundezuchtutensilien einschließlich Beratung bis zur Welpenvermittlung. Ausgestellt werden Hundenachbildungen in allen Größen und in allen Stoffen, angefangen vom Bleistiftanspitzer bis zum bemalten Riesenpudel aus Pappmaché, einer Requisite des Deutschen Theaters.

Bauern- und Dorfmuseen gibt es an vielen Orten. In Karow hätte sich gut auch eins einrichten lassen. Den Landeskulturhütern sei gedankt, daß sie eine bessere Idee hatten. Sie stellten neben der beinah obligatorisch geschützten Dorfkirche den ganzen Karower Dorfanger unter Denkmalschutz, und sie haben recht daran getan, denn Karow hat einen typischen Bauerndorfanger.

Der Rittersitz Karow wurde schon im 17. Jahrhundert in ein Erbschulzengut umgewandelt, die Rittergutsherren saßen von da ab in Buch, und Karow konnte sich ungestört zu einem Bauern- und Kossätendorf entwickeln. Kossäten, Kot-

Im Hundemuseum von Blankenburg

sassen oder Kätner waren Besitzer einer Kate, aber keines Bauernhofs, der eine Familie ernährte. Dazu gehörte mindestens eine Hufe, je nach Bodenbeschaffenheit sieben bis vierzehn Hektar Ackerland. Die günstige Lage in der Nähe Berlins und die frühe Spezialisierung auf Gemüsebau ließ die Bauern zu einigem Wohlstand kommen, von denen manche Wohnhäuser heute noch künden.

Der Geschichtsreport ähnelt zwangsläufig den vorhergegangenen, nur manche Herrschaftsnamen wechseln. Da gibt es im 13. Jahrhundert einen Fridericus de Kare, die sichere Nachricht finden wir natürlich erst im Landbuch des Mannes, nach dem in Prag die schönste Brücke und die zweitälteste Universität Europas benannt sind, Kaiser Karl IV.. Über hundert Jahre befand sich das Dorf im Besitz der Glieneck von Kare, was der Vermutung Nahrung gibt, daß nicht der Ort seinen Namen von einem Herrn Char hat, wie manche behaupten, sondern die Herren nach dem Ort mit dem altslawischen Namen Karow, was heißt, an einen Berg angelehnt. Später treten reiche Berliner als Käufer auf, unter anderem auch die Familie Tempelhof. Bis dann Herr von Roebel Anfang des 17. Jahrhunderts alles in seine Hand nimmt. 1898 bekommt Karow seine Kolonien, Parzellen beiderseits der Bahnhofstraße und von da ausufernd. 1920 wird Karow Berlin eingemeindet. In den dreißiger Jahren entstand dann südlich des Kapgrabens die Stadtrandsiedlung Buch, heute zu Pankow gehörig.

Im Gegensatz zu Blankenburg eignet sich in Karow der S-Bahnhof gut als Ausgangspunkt für einen Spaziergang. Bevor wir das Dorf mit unserem Besuch beehren, empfiehlt es sich, die Pankgrafenstraße dorfauswärts zu gehen. Man kommt nach wenigen Minuten an die Panke und kann von da einen wunderschönen Naturspaziergang zu den Karower Teichen machen, die zwar nicht mehr zu Weißensee gehören, aber unbedingt sehenswert sind. Wir finden Gehölze, Pflanzen und Tiere wie sonst nur im Naturschutzgebiet Fauler See.

Die nach Plänen Schinkels erbaute Karower Dorfkirche

Um uns auf dem Rückweg die Zeit zu vertreiben, lassen wir uns erzählen, daß die Pankgrafen keine Grafen waren, sondern eine trink- und sangesfreudige Hallotria-Gesellschaft aus dem vorigen Jahrhundert, die mit Vorliebe ihre Vereinsausflüge zu den Ufern der Panke machte, an denen es aber selbst eingefleischte Naturfreunde nicht lange aushielten, weshalb man bald in das nächste Restaurant zog, was rein zufällig »Zum Pankgrafen« oder »Zur Pankgräfin« hieß, auch in Karow.

Am Dorfanger bewundern wir nicht nur die auf unserer Landkarte vermerkten Baudenkmäler wie das evangelische Gemeindehaus oder das Alt-Karower Großwohnhaus, sondern suchen uns auch da unser individuelles Bauernhaus als dankbares Fotomotiv. Der Dorfkirche entgehen wir nicht, dank Schinkel. Die alten Bauteile stammen aus dem 13. Jahrhundert. Im Spätmittelalter wurde die Sakristei angebaut und dann kam der gelbe Ziegelturm, von Schinkelschülern 1845/47 errichtet. Auch die Innenausstattung ist denkmalgeschützt, und der Vermerk, ihre schönsten Stücke stammen wahrscheinlich aus der 1731 abgebrochenen Bucher Dorfkirche, sollten uns den Kunstgenuß bei ihrer Betrachtung nicht trüben. Auch der Pergamon-Altar wurde nicht im Spreebogen ausgegraben.

Ganz in der Nähe liegt der Teichberg mit dem gleichnamigen See, der den Karowern manchmal Wasser im Keller beschert. Der Berg ist mit 63 Metern der höchste Weißensees.

Da wir den ersten Blick auf Weißensee von einem Berg geworfen haben, liegt die Versuchung nahe, auch den letzten von einem Berg zu werfen. Nach einigen Winkelzügen und Fragen stehen wir an einem kleinen, naturgeschützten Teich, stark verlandet, ein kläglicher Rest der einst so zahlreichen »Totseen« der Eiszeit. Ein Unikum insofern, als in der Anlage »Am Teichberg« Teich und Berg praktisch identisch sind. Berlin liegt so fern im Dunst, wie es nur entfernt und im Dunst liegen kann.

Da brandet aus westlicher Richtung Baumaschinenlärm auf. Dem Chronisten wird es unbehaglich. Er weiß aus der Presse und aus einer Ausstellung des Bauamtes, daß im Norden von Karow eine Wohnstadt für annähernd 64.000 Menschen auf einem 1.200 Hektar großen Bauland errichtet werden soll. Für November 1993 ist der erste Spatenstich geplant; weshalb also der Baulärm im April? Der Chronist war froh gewesen über den spätherbstlichen Baubeginn; denn nichts ist undankbarer, als von einer Baustellenwüste Bilder behaglicher Wohnungen zu beschreiben, von amerikanischen Architekten in Santa Monica entworfen, angelehnt an die Bauten Bruno Tauts und dem Umfeld angepaßt. Aber kannten die Architekten aus dem warmen Kalifornien auch die Winterwinde des Barnim? Bei aller Bemühung um Perfektion gab es auch das Wörtchen Ökonomie zu berücksichtigen. Wie schnell war da ein Windfang gestrichen. Nein, kein träumendes Wenn ... mit diesem Gedicht war auch Brecht auf die Nase gefallen. Der Chronist beschloß, trotzdem dem Lärm entgegenzugehen, weil die 42. Straße zu ihm führte, und das war für ein Projekt amerikanischer Architekten nicht ohne Symbolkraft. An der Kreuzung 52. Straße begann eine wohlgegliederte Siedlung. Eine Schautafel verriet: *Wir bauen in Berlin-Karow 40 Reihenhäuser, Wohn- und Geschäftshaus, mit Läden, Büros und Praxen und Eigentumswohnung. Bauvorhaben des öffentlich geförderten Wohnungsbaus, gefördert durch das Land Berlin*. Aus dieser Reihensiedlung kommt der Baulärm nicht, er kommt von weiter stadteinwärts, wo im sozialen Wohnungsbau eine Wohnanlage entsteht, Quadratmeterpreis Kaltmiete 6,– DM. Die 42. Straße ist bereits locker bewohnt. Die Leute sonnen sich, es ist mittags zwischen zwölf und eins. Die Kaufhalle, noch in der alten Zeit gebaut, schließt um dreizehn Uhr wegen Inventur. Man läßt den späten Gast eine Viertelstunde vorher noch hinein, aber mit Vorwurf im Blick.

Als der Bergrücken, auf dem Karow liegt, vor Millionen Jahren sein Wasser abschüttelte, entstand ein Werder mit Namen Barnim. Weiter westlich entstand einer, der heißt einfach Werder bis auf den heutigen Tag. Dort gibts ein Baumblütenfest und wunderbaren Apfelwein. In der Kaufhalle gibt es nichts davon, also proste ich den fertigen und halbfertigen Häusern mit Frankfurter Äppelwoi zu. Stelle mir vor, da stände die Karschin und müßte zur Weihe des Hauses ein Gedicht aufsagen, speziell für Bürgermeister Gerd Schilling. Was könnte sie dichten?

Etwa:
Der Sand ist pulverig und zart
und vor den neuen Gerüsten steht Bürgermeister Schilling
und krault sich sinnend seinen Bart...

Er träumt natürlich nicht von neuen Honigernten, das wäre auf einer Großbaustelle unangebracht. Da ihm die Probleme eines Ballungsgebietes im Norden seines geliebten Bezirks stark beschäftigen, träumt er wahrscheinlich von Nahverkehrsanschlüssen, Straßenbahntrassen und neuen S-Bahnstationen. Träume dieser Art haben Tradition, wir wissen es.

1964 war die U-Bahn bis zum Antonplatz ein sicheres Planvorhaben, und es gab Journalisten, die diese Bürgermeisterträume aufschrieben. Nein, zu alldem ist der Chronist nicht bereit, er kennt die Vergänglichkeit der Pläne, und er kennt auch die Vergänglichkeit des Ruhms. Er hat erlebt, wie eine Weißenseer Patriotin bei einer Kaffeefahrt in Malente dichtete: »Aus vollem Herzen zweifach ja, zu Walter Momper und Tino Schwierzina!« Ihr Bekenntnis kam nicht in die Wertung, weil in Schleswig-Holstein niemand wußte, wer Tino Schwierzina war. Darum kann sich der Chronist nicht entschließen, Vorschußlorbeeren zu verteilen. Aber er bekennt gern, daß ihm die neuen Häuser in der 42. Straße gefallen. Er findet die Sozialbauten preiswert und hofft, daß sie auch die richtigen Mieter bekommen. Er findet es auch lustig, daß am Ende der traditionsreichen Liebermannstraße eine Kaufhalle mit einer Sommerwiese als Dach entsteht. Er stellt sich vor, wie da Joe May sofort »Die Blume der Prärie« gedreht hätte.

Und trotzdem mag es vielleicht eines Tages passieren, daß ein Jungfilmer auf dem Kaufhallendach die Außenaufnahmen zu einem Sommerfilm dreht, weil es weit und breit die einzige intakte Wiese im grünen Weißensee ist.

Sechster Spaziergang

Neu-Karow – Stadt in den Wiesen

Dieses Kapitel wird sechs Jahre nach dem vorherigen geschrieben und der Chronist muß bekennen, er ist ein schlechter Prophet. Er machte sich Sorgen um eine grüne Wiese in Weißensee, weil er fürchtete, die Phalance der hauptstädtischen Bauherren könnte das bißchen Grün niederstampfen. Tut sie nicht, zumindest nicht im Bezirk Weißensee.

Die kalifornischen Architekten John Buble und Buzz Yudell haben eine Stadt entworfen, in der man wohnen und arbeiten, einkaufen, sich erholen und auch vergnügen kann. Eine Stadt mit Wiesen und Karpfenteichen im Westen, mit einem Trinkwasserschutzgebiet im Norden, bestehend aus Wiesen und Waldstreifen. Auch im Osten gibt es Wasserflächen, Wald und Wiesen, die sich an den Naturpark Barnim anschließen.

An Wiesen also kein Mangel, auch nicht zwischen den Häusern und Wohnblöcken. Wer da in seiner Wohnung singt: »Nach grüner Farb mein Herz verlangt ...«, braucht nur aus dem Fenster zu schauen und er bekommt, was sein Herz verlangt. Bäume, Sträucher, Wiesengrund mit Wassergraben, Tümpel und Teiche. Wenn die Ebereschen und Linden, die jetzt drei Meter hoch sind und noch gestützt werden müssen, eines Tages frei stehen und breite Kronen tragen, dann werden sich vielleicht ehemalige Kids, die mit Pink Floyd und Techno groß geworden sind, an die alten Lieder erinnern und singen: »Im schönsten Wiesengrunde stand meiner Heimat

»Dich, mein Panketal, grüß' ich tausend mal ...«

Haus ...« Na ja, nicht alle Blütenträume gehen in Erfüllung; aber Karow-Nord hat das Zeug dazu, ein Stück Heimat zu werden. Ich sag jetzt Karow-Nord, obwohl das die Wohnungsgesellschaften nicht gern hören, weil Nord an Kälte erinnert. Jawohl, in Neu-Karow weht vom Barnim her ein kalter Wind und wer im Winter an einer Haltestelle steht, muß sich warm anziehen. Aber das schadet dem Heimatgefühl nicht, im Gegenteil!

Der Chronist muß solche Proben nicht bestehen; als er sich zu seinem sechsten Spaziergang aufmacht, ist Altweibersommer oder, unseren kalifornischen Architekten zuliebe, Indianersommer. Im Büro des Stadtteilmanagements ist ein wunderbares Modell aufgebaut und in einem wohlfundierten Vortrag erfährt der Chronist, daß auf einem Areal von hundert Hektar innerhalb eines Jahres eintausenddreihundert Bauarbeiter, angeleitet von zweihundertfünfzig Architekten und Ingenieuren in fünfundzwanzig Büros, beraten durch zweiundzwanzig Senats- und Bezirksdienststellen rund 5.100 Wohnungen für 15.000 Menschen gebaut haben. Der Chronist denkt an seine Aufgabe, für sein wunderbares Leserpublikum einen Spaziergang zu beschreiben, darum bedankt er sich höflich, verstaut sein Info-Material und macht sich auf den Weg.

Der beginnt an einem Platz, dem zentralen in Neu-Karow, der keinen Namen hat. Plakate verkünden, daß jeden Donnerstag auf der Piazza Markttag abgehalten wird, aber ein Straßenschild findet sich nicht. Den Namen haben ihm findige Händler gegeben, weil er zu einem Gutteil von einem italienischen Restaurant beherrscht wird, das nach einem berühmten römischen Brunnen benannt ist: »Fontana di Trevi«.

Da ein kleines Rondell jenseits der Hauptstraße einen Namen bekommen hat, Lossebergplatz, sollte man auch dem Hauptplatz einen eigenen Namen geben, er hat es verdient. Als Marktplatz ist er Eingangspforte zu einem Verbrauchermarkt, um den sich Geschäfte und Sparkassen scharen, wie es der Brauch ist. Der Platz hat nicht die Weitläufigkeit des Forum romanum, wie sollte er auch; es gibt ihn nur zur Hälfte. Mit der anderen Seite über die Hauptstraße wird er nur durch eine Gewerbespange verbunden (neudeutsch Shopping-Meile) und dort hat sich noch kein Platz entwickelt, vielleicht, weil es zu weit östlich liegt. Aber die westliche Hälfte ist imposant.

Mittelpunkt, obwohl leicht exzentrisch gesetzt, ist ein großer Sandsteinquader, grob behauen, auch die Bohrlöcher sind noch sichtbar. Von hier aus schickt Vater Stein seine Sprößlinge in schnurgerader Linie zur Bucher Chaussee und auch darüber hinweg. Der Bildhauer Werner Stötzer, nicht weit von hier im Oderbruch lebend, sprach vor Jahren vom Stein als seinem Kumpel und erntete Widerspruch. Der Chronist, auf den Vaterstein gelümmelt, mit Blick zum Barnim-Park im Osten, empfand den Stein als Kumpel und als er nach langen

Spaziergängen Rast suchte, leitete ihn eine steinerne Kavalkade zum »Zwiebeltöpfchen«, wo er Ruhe fand und einen guten Happenpappen. Das war Kumpelhilfe, darum sollte der Platz mit dem steinernen Wegweiser, der so idyllisch von Bäumen und Bänken gesäumt ist, einen Namen bekommen und der Chronist ist für Fontane-Platz.

Das beweist weltmännische Nähe zum italienischen Nobelbrunnen Fontana di Trevi und verhilft unserem märkischen Wandergesellen Theodor Fontane zum ersten Platz in Berlin. Und wenn die mit der Vergabe von Straßennamen beauftragte Bezirksverwaltung fragt: »Warum gerade in Neu-Karow?«, dann sagen die Weißenseer Heimatfreunde unisono: »Weil Fontane hier zugange war, in Buch und in Karow, in Malchow und Falkenberg; außerdem hatte er Weißensee noch dreimal im Notizbuch stehen.« Und wem das noch nicht genügt, der betrete den Platz hinter dem Markt. Er wird glauben, den Exerzierplatz in Neu-Ruppin vor sich zu haben; verkleinert und entpreußt. Der Platz strahlt Freundlichkeit aus und heißt Am Elsebrocken. Elsen sind Erlen oder Ellern und die beste Kriminalerzählung von Theodor Fontane heißt »Ellernklipp«. Noch Widerspruch? Nein. Also heißt die Piazza im weiteren Text Fontane-Platz.

Von hier aus durchwandern wir die Achilles-Straße in westlicher Richtung. Sie ist weder nach dem Helden Achill benannt, dem Erfinder der berühmten Achilles-Ferse, noch darf sie als nostalgische Erinnerung an den DEFA-Film »Bankett für Achilles« gedeutet werden. Sie ist eine Gedenkmeile für Hermann Achilles, Ende des vorigen Jahrhunderts Schmied zu Buch und verdienter Sammler Alt-Karower Hofzeichen. Reime-Schmied von Werneuchen läßt grüßen!

Nach Buch können wir nicht hinübersehen, weil sich auf der anderen Straßenseite eine lange Klinkerfront hinzieht, signalisierend: Dies ist ein öffentliches Gebäude. Die Bezirksverwaltung hatte den lobenswerten Einfall, Besuchern das Auffinden von Gebäuden der öffentlichen Hand zu erleichtern, indem man sie mit Klinker verblendete. Die Klinker-

An der Achillesstraße

front gehört zur 9. Grundschule im Panketal, deren Gebäude durch eine überdachte Brücke verbunden sind, damit die armen Kleinen nicht naß werden, wenn sie bei Regen über den Schulhof laufen müssen. Alles in allem eine schöne moderne Schule, zu der man dem Bezirk nur gratulieren kann.

Der Haupteingang am Chronisteneck hat ein spitz gewinkeltes Dach, das von sieben Säulen getragen wird. Vielerlei Deutungen sind möglich: Sei kein Siebenschläfer! Halt deine Siebensachen zusammen! Sei fleißig wie die sieben Zwerge! Denk an die sieben Geißlein, zieh deine Siebenmeilenstiefel an und fliege mit den sieben Raben in den siebenten Himmel! Die Sieben ist eine gute Zahl ... (Deutschlehrer können diese Beispiele im Unterricht beliebig erweitern bis zu Siebenkäs.)

Die andere Straßenseite ist herbstbunt. Vor den Häusern wächst Reiherschnabel, in ihm waten buschhohe Eiben, die in den Wäldern des Barnim noch wild wachsen. Dazwischen Hartriegel, der jetzt rot leuchtet, unauffällig aber augenfreundlich: blaßblaue Herbstastern. Die Straßenbäume sind Ahorne, Eschen, Linden, Birken, Eichen, zu Spindeln gezüchtet, Ebereschen, Robinien, alles, was die Mark an Laubbäumen zu bieten hat. Ulmen ausgenommen; gegen das weltweite Ulmensterben ist auch im Barnim kein Kraut gewachsen.

Und nun kommen die Häuser. Die kalifornischen Architekten haben ein Konzept vorgegeben, aber die Gestaltung der Einzel- und Reihenhäuser auch der Gevierte, wurde individuell vergeben, so daß ein großzügig gegliedertes Stadtbild entstanden ist, mit Häusern, die ihr eigenes Gesicht haben. Die Gesellschaften, die das ermöglichten, sind Groth + Graalfs, die SÜBA, Gehag und die Gesobau. In der Nähe des Sportplatzes am Pfuhl errichten sie ein Jugendfreizeitzentrum mit mächtigem Schiffbug, über dem eine metallene Fahne weht; es ist geklinkert, gehört also der öffentlichen Hand. Wünschen wir allen, die hier bauen, immer eine Handbreit Wasser unter dem Kiel!

Der Ballonplatz erinnert an den französischen Luftschiffer Jean Pierre Blanchard, der 1788 mit einem Freiballon auf dem Feld zwischen Buch und Karow landete. Blanchard war ein windiger Bursche. Er war der erste Ballonschiffer, der sich von Zuschauern Eintrittsgeld zahlen ließ. 1785 startete er vom englischen Dover aus einen Flug über den Ärmel-Kanal, der ihm beinahe zum Verhängnis geworden wäre. Der Ballon sank und er mußte alles über Bord werfen, Proviant, Werkzeug und zum Schluß Geld und Kleider, um ihn wieder zum Steigen zu bringen.

Er landete glücklich in der Nähe von Calais und betrieb seitdem das Ballonfliegen berufsmäßig. Er startete in Wien, Preßburg und Berlin. Als ihn die Karower Bauern erblickten, griffen sie zu ihren Forken und riefen: »Kommst du vom lewwen God oder vom Düwel?« Da die Bauern sein Französisch nicht verstanden und weiter mit den Forken fuchtelten, erinnerte sich Blanchard an seine Landung bei Calais und

Landung des ersten Wasserstoffballons 1783 in Frankreich

warf seine Kleider über Bord. Nach einer Weile sagten die Bauern: »He is'n Minsch!« und legten die Forken weg. Die Wiese, auf der Blanchard landete, heißt heute Ballonplatz.

Wer wissen will, wo die Bauern ihre Forken schwangen, muß nach Osten spazieren, bis zur Forkenzeile. Dort trifft er wieder auf die vertraute Achillesstraße, die Ost-West-Achse Neu-Karows und pilgert wieder an einer Klinkerfront entlang. Und was für einer! Ein runder gläserner Turm verrät, hier schaut man aus einem öffentlichen Gebäude über den Tellerrand hinaus, hier kann man sich mit dem Weltgeist verabreden; denn hier ist eine öffentliche Bibliothek, an die schließt sich ein Gymnasium an, auch die 10. Grundschule hat eine Heimstatt mit Sport- und Mehrzweckbauten ...

Hier bricht der Chronist ab, denn Bagger verscheuchen ihn und Arbeiter, die mit Trennscheiben Steine zerschneiden, machen einen höllischen Lärm. Die ganze Häuserfront wird unzweifelhaft eine Hochburg der Bildung und Erziehung. Den Chronisten zieht's ins Offene, ins Freie, er flieht in die Münchehagenstraße, erfährt, daß Torben Münchehagen ein Kleinbauer im 16. Jahrhundert war und freut sich, daß Namensberater Dr. Günter Nitschke auch an die kleinen Leute gedacht hat und nicht nur an die Adelsnamen, an denen im Barnim kein Mangel herrscht.

Das späte Gelb eines Rapsfeldes weckt Träume an ferne Honigernten. Der Chronist gibt sich keinen Illusionen hin; die Zeit ist vorbei, die Bienen fliegen nicht mehr und der Raps wird als Gründüngung untergepflügt. Seine augenblickliche Funktion ist eine ästhetische. Er gibt eine wunderbare Komplementärfarbe zu dem expressionistischen Blau, das sich die Karower Häusermaler von Schmidt-Rottluff in der Trierer Straße abgeguckt haben; zu recht, noch ist es Weißensee und nur hier gibt es das wirkliche Blau!

Torben Münchehagen hat sicher in einer Kate mit Fensterläden gewohnt. Die Architekten der nach ihm benannten Straße müssen daran gedacht haben; denn sie haben die Fenster der Erdgeschoßwohnungen mit hellen Fensterläden versehen, mit schönen altmodischen Wirbeln. Und die Häuserfronten sind nicht nur farblich abgesetzt, sie haben auch Risalite, die auflockern und gliedern. Gratulation! In den Betonkanten, die Vorgärten einsäumen, läuft ein Keramikstreifen mit. Eine Kleinigkeit, aber sie tut dem Auge wohl und stimmt heimelig!

Die Kindertagesstätte in der Münchehagenstraße ist mit Brettern vernagelt, aber es sind gespundete und wetterfest gebeizte Bretter und sie haben genau die Höhe, daß Erwachsene den Kindern von außen beim Spielen zusehen können, aber die Kinder von innen nicht dem Treiben der Erwachsenen draußen. So werden sie aufs Leben vorbereitet. Aber Spaß beiseite. Dieser geometrisch exakte Stufenbau birgt wunderbare Spielstuben für die Kinder, erinnert an indianische Pueblos und symbolisiert ihren weiteren Lebensweg. Von der Unterstufe über die Mittelstufe zur Oberstufe; und dann kommen die Mühen der Ebenen, wir wissen es!

Ein Projekt Kunst am Bau will ich noch benennen, das in der Münchehagenstraße installiert werden soll und das unter der Überschrift »Fünf Kugeln für Rainer Hampel« in meinem Notizbuch steht. Eine Jury unter dem Vorsitz des Architekten Baesler hat es ausgelobt, es sind fünf Kugeln im Durchmesser von achtzig Zentimetern, zur Hälfte in die Erde versenkt und um eine Achse rotierbar gemacht. Jede Kugel symbolisiert einen der fünf Sinne, die Kinder können damit spielen, ein inneres Gewicht bringt die Kugeln immer wieder in die Ausgangslage. Mir ist dabei das Abendlied von Matthias Claudius eingefallen, wo es in der dritten Strophe heißt: *Seht ihr den Mond dort stehen? Er ist nur halb zu sehen und ist doch rund und schön. So sind gar manche Sachen, die wir getrost belachen, weil unsre Augen sie nicht sehn.*

Der Erfinder der Kugeln heißt Gerhardt Mantz, wir gratulieren zum Denkmal, das zur Hälfte unter der Erde bleibt und mit dem die Kinder spielen können. Aber wir grübeln über die Begründung des Juryvorsitzenden, der da sagt: »Das kommt der Erlebniswelt der Kinder entgegen und stellt zugleich einen Kontrapunkt zur umliegenden Bebauung dar.«

Die umliegende Bebauung besteht aus dreistöckigen Wohnhäusern, in die der Chronist liebend gerne einziehen würde. Warum da fünf Globuskugeln, die jeder Schulanfänger umfassen kann, zur Hälfte in die Erde eingelassen, einen Kontrapunkt darstellen, das bringt den Chronisten ins Grübeln.

Er fragt sich auch, warum von den vielen Dutzend Bauern, die es im Laufe des 16. Jahrhunderts in Karow gegeben haben mußte, ausgerechnet dieser eine Münchehgen Namenspatron einer Straße werden konnte. So sinniert er sich von der Forkenzeile bis zur Geschäftswelt, sieht hinter einer Taxisäule die vertrauten unbehauenen Steine und läßt sich von ihnen zum »Zwiebeltöpfchen« leiten, einem schnuddligen Café mit zünftiger Küche. Vielleicht ist der Chronist müde vom langen Marsch; er glaubt in der Bedienerin die kräuselhaarige Najade vom Milchhäuschen am Weißen See zu erkennen. Kann sie nicht durch die Panke oder den Kappgraben nach Neu-Karow geschwommen sein? Kam in der phantastischen Geschichte »Das Windloch« von Peter Hacks nicht eine Nixe im Badezimmer aus der Handbrause? Er bestellt ein Glas Rotwein und fragt:

»Kennen Sie Torben Münchehagen?«

»Klar«, sagt sie. »Der Mann heißt eigentlich Thoben.«

»Aber da ist ein r dazwischen ...«

»Wo etwas dazwischen war, muß nicht immer etwas dazwischen sein«, belehrt ihn die Nixe. »Namen verändern sich im Laufe der Zeit. Aus Karsten wird Kasten, aus Torben Thoben.«

»Thoben scheint Ihnen am Herzen zu liegen ...«

»Warum nicht? Thoben hat in Karow zuckersüße Plätzchen gebacken, lange bevor Dr. Achard den Zucker erfunden hat. Und die verliebten Leute haben sie Lippe an Lippe abgebissen, nannten sie Vielliebchen ...«

»Moment«, sagt der Chronist, »das kenn' ich von Fontane. ‚Irrungen und Wirrungen', wenn ich mich nicht irre ...«

»Sie irren nicht«, erwiderte die Nixe. »Vielliebchen war beliebt, aber es gab Schwierigkeiten. Ursprünglich wurden für das Abbeißen Zwillingsfrüchte verlangt, aber welche Dame hat schon immer eine Zwillingspflaume bei sich? So griffen sie auf Thobens Zuckerschnecke zurück.«

»Sie meinen, Herr Thoben alias Münchehagen stieß in eine Marktlücke und wegen dieser Verdienste wurde die Straße nach ihm benannt?«

Anstelle einer Antwort brachte die Najade dem Chronisten ein neues Glas. Der Rotwein war gut. Auf den Steinen vor dem Haus versammelten sich Krähen. Neu-Karow war ein Ort zum Träumen.

Literatur

Alexander Giertz: »Chronik der Gemeinde Weißensee bei Berlin«, Weißensee bei Berlin 1905/06
Martin Pfannschmidt: »Geschichte der Berliner Vororte Buch und Karow«, Berlin 1927
Bezirksverwaltung Weißensee: »700 Jahre Weißensee«, Berlin 1937
Franz Dittmann: »Glanz und Elend der weltlichen Schule«, Erinnerungen eines ehemaligen Lehrers, Typoskript, o.J.
Kurt Pomplun: »Berlins alte Dorfkirchen«, Berlin 1962
Hans Ludwig: »Altberliner Bilderbogen«, Berlin 1965
Stephanus-Stiftung: »Auftrag, Wandel, Leben«, Berlin 1978
Theodor Fontane: »Wanderungen durch die Mark Brandenburg«. Band IV – Spreeland –, Berlin und Weimar 1982
Peter Melcher: »Weißensee«. Ein Friedhof als Spiegelbild jüdischer Geschichte in Berlin, Berlin 1986
Institut für Denkmalpflege: »Die Bau- und Kunstdenkmale in der DDR«. Band II, Berlin 1987
Wolfdietrich Schnurre: »Als Vaters Bart noch rot war ...«, Frankfurt 1988
Günter Nitschke: »Straßen und Straßennamen des Stadtbezirks Weißensee«, Berlin 1989
Michael Hanisch: »Auf den Spuren der Filmgeschichte«, Berlin 1991
Joachim Bennewitz: »Die Stadt als Wohnung«, Berlin 1993.
Joachim Bennewitz: »Eine preußische Karriere«, Berlin 1996.

Berlinische Reminiszenzen

In der populären (und ältesten) Reihe zur Berliner Stadtgeschichte sind weiterhin lieferbar:

Enrico Straub
Berliner Grabdenkmäler
BR 55, 132 S., 112 Abb., geb. 3-7759-0263-5

Olaf Seeger/ Burkhard Zimmermann
Steglitzer Geschichte(n)
BR 56, 2. überarb. Aufl., 120 S., 35 Abb., Pb.
3-7759-0397-6

Jürgen Boeckh
Alt-Berliner Stadtkirchen (1)
BR 57, 148 S., 40 Abb., geb. 3-7759-0288-0

Jürgen Boeckh
Alt-Berliner Stadtkirchen (2)
BR 58, 162 S., 37 Abb., geb. 3-7759-0289-9

Thedor Constantin
Alt-Berliner Kneipen
BR 59, 128 S., 93 Abb., geb. 3-7759-0292-9

Jan Feustel
**Spaziergänge
in Friedrichshain**
BR 64, 119 S., 39 Abb., geb. 3-7759-0357-7

Walter Püschel
Spaziergänge in Weißensee
BR 67, 2. überarb. Aufl., 128 S., 36 Abb., Pb.
3-7759-0432-8

Thomas Wieke
Vom Etablissement zur Oper
Die Geschichte der Kroll-Oper
BR 68, 115 S., 28 Abb., geb. 3-7759-0384-4

Thorsten Knoll
Berliner Markthallen
BR 69, 109 S., 35 Abb., geb. 3-7759-0392-5

Dieter und Günter Matthes
... und dann nichts wie raus zum Wannsee
Freibad Wannsee gestern und heute
BR 70, 104 S., 39 Abb., Pb. 3-7759-0387-9

Herbert Lange
Spaziergänge in Kleinmachnow
BR 71, 120 S., 33 Abb., Pb. 3-7759-0395-X

Bodo Rollka/ Volker Spiess
Tante-Emma-Läden
BR 72, 120 S., ca. 90 Abb., Pb. 3-7759-0396-8

Walter Püschel
**Spaziergänge
in Hohenschönhausen**
BR 73, 112 S., 31 Abb., Pb. 3-7759-0398-4

Horst Kammrad
Spaziergänge in Zehlendorf
BR 74, 109 S., 44 Abb., Pb. 3-7759-0401-8

Jan Feustel
Spaziergänge in Lichtenberg
BR 75, 119 S., 36 Abb., Pb. 3-7759-0409-3

Sabine Molter
Spaziergänge in Treptow
BR 76, 120 S., 36 Abb., Pb. 3-7759-0414-X

Ralph Hoppe
Quer durch Mitte
Das Klosterviertel
BR 77, 120 S., 32 Abb., Pb. 3-7759-0413-1

Stefan Eggert
Spaziergänge in Schöneberg
BR 78, 112 S., 42 Abb., Pb. 3-7759-0419-0

Jeder Band DM 19,80/ ÖS 145,–/ SFr 19,–

Haude & Spener   Postfach 61 04 94   10928 Berlin
Gneisenaustr. 33   10961 Berlin   Tel. 030/691 70 73   Fax 030/691 40 67